Wie man Geld wird
Arbeitsbuch

ACCESS CONSCIOUSNESS®

"Alles im Leben kommt zu uns mit Leichtigkeit, Freude und Herrlichkeit!"™

Mit Gary M. Douglas

Wie man Geld wird
Copyright © 2015 Gary M. Douglas
ISBN: 978-1-63493-044-4

Alle Rechte vorbehalten. Kein Teil dieser Veröffentlichung darf wiedergegeben, in einem Datenabfragesystem gespeichert oder übertragen werden in keiner Art und Weise, weder elektronisch, mechanisch, fotokopiert, aufgezeichnet oder in einer sonstigen Form, ohne die schriftliche Einverständniserklärung des Herausgebers.

Der Autor und der Herausgeber des Buchs erhebt keinen Anspruch oder gibt irgendeine Garantie auf etwaige physische, mentale, emotionale, spirituelle oder finanzielle Resultate. Alle Produkte, Dienstleistungen und Informationen, die vom Autor zur Verfüfung gestellt werden, dienen ausschließlich dem Zweck der allgemeinen Ausbildung und Unterhaltung. Die Information, die in diesem Buch zur Verfügung gestellt wird, stellt in keiner Weise einen Ersatz für medizinischen oder professionellen Rat dar. Sollte der Leser irgendeine der Informationen, die in diesem Buch enthalten sind, für sich selbst verwenden, so übernehmen Autor und Herausgeber keinerlei Verantwortung für etwaige daraus folgende Handlungen.

Veröffentlicht von
Access Consciousness Publishing, LLC
www.accessconsciousnesspublishing.com

Gedruckt in den Vereinigten Staaten von Amerika

Inhalt

Einführung 4
Arbeitsbuch Fragen 6
KAPITEL EINS 22
Was ist Geld?
KAPITEL ZWEI 37
Was bedeutet Geld für dich?
KAPITEL DREI 48
Welche drei Emotionen hast du, wenn du an Geld denkst?
KAPITEL VIER 65
Wie fühlt sich Geld für dich an?
KAPITEL FÜNF 74
Wie sieht Geld für dich aus?
KAPITEL SECHS 75
Wie schmeckt Geld für dich?
KAPITEL SIEBEN 79
Wenn du Geld auf dich zukommen siehst, aus welcher Richtung fühlst du es kommen?
KAPITEL ACHT 82
In Bezug auf Geld, hast du das Gefühl, dass du mehr hast als du brauchst oder weniger als du brauchst?
KAPITEL NEUN 84
In Bezug auf Geld, wenn du die Augen schließt, welche Farbe hat es und wie viele Dimensionen?
KAPITEL ZEHN 86
In Bezug auf Geld, was ist einfacher, der Zufluss oder der Abfluss?
KAPITEL ELF 88
Was sind deine drei schwersten Probleme mit Geld?
KAPITEL ZWÖLF 92
Wovon hast du mehr, Geld oder Schulden?
KAPITEL DREIZEHN 94
In Bezug auf Geld, welche drei Dinge wären eine Lösung für deine derzeitige finanzielle Situation, um einen Überfluss an Geld in deinem Leben zu haben?

Einführung

Gary Douglas, der Gründer von Access Consciousness®, hat diese Informationen ursprünglich von einem Wesen namens Raz gechannelt. Gary channelt nicht mehr. Dies ist die Transkription eines Live-Kurses.

Bei Access geht es darum, dich zu ermächtigen, dass du weißt, was du weißt. Es geht um Gewahrsein. Du bist derjenige und diejenige, die weiß, was richtig für dich ist.

Bitte verwende dieses Buch als ein Werkzeug, um die verrückten und begrenzten Ansichten zu facilitieren, die du rund ums Geld kreiert hast, und um mehr Leichtigkeit in deinem Leben und deiner Lebensweise mit sehr viel mehr Geld und Geldfluss zu kreieren.

Mehr Informationen über Access Consciousness®, die Produkte und Kurse über alle Bereiche des Lebens – Business, Geld, Beziehungen, Sex, Magie, Körper und mehr – findest du auf unserer Webseite. Tu und sei, was immer es braucht, um dein Leben und deine Lebensweise zu kreieren und zu generieren, um mehr zu sein, als du jemals als Möglichkeit wahrgenommen hast.

www.accessconsciousness.com

TRANSKRIPT EINES LIVE KURSES MIT GARY DOUGLAS
ER CHANNELT EIN WESEN NAMENS RAZ

Gary: Dieser Workshop über Geld wird eine neue Erfahrung für mich sein. Ich weiß nicht, wie es für euch sein wird. Haltet alle eure Notizbücher griffbereit, eure Kugelschreiber oder Bleistifte oder was immer Ihr verwenden wollt, denn heute Abend werdet Ihr jede Menge zu tun bekommen. Von dem Wenigen, das Raz mir verraten hat: Es wird jede Menge passieren. Noch einmal, er wird euch auffordern, euch freiwillig zu melden, nach vorne zu kommen und der Spiegel für die anderen Leute hier zu sein. Wenn Ihr also ein Problem damit habt, zieht euch eine Decke über den Kopf, damit er euch nicht sehen kann, sonst wird er euch aufrufen. Und lasst euch nicht in Verlegenheit bringen von irgendetwas, das hier passiert, denn in Wirklichkeit ist es so, dass es hier niemanden gibt, der nicht in der einen oder anderen Form genau das gleiche Problem hat wie Ihr. Es macht keinen Unterschied, ob Ihr eine Million Dollar habt oder fünfzig Cents, die Geldthemen sind für alle schwierig. Okay? Los geht's!

Arbeitsbuch
Fragen

Heute Abend werden wir darüber sprechen, wie man Geld IST. Was Ihr seid, ist Energie. Was Ihr sein werdet, ist Energie. Das, was Ihr gewesen seid, ist Energie. Das, was Geld ist, ist Energie.

Während Ihr heute Abend die Fragen beantwortet, die wir stellen werden, seid in eurem Gewahrsein, dass die Ehrlichkeit eurer Antworten nicht in Beziehung steht mit den Menschen um euch herum, sondern mit euch selbst. Jede Ansicht, die Ihr in Bezug auf Geld kreiert habt, kreiert die Begrenzungen und Parameter, woher Ihr es empfangt.

Alles, was du kreierst, kreieren auch andere. Sei vollkommen ehrlich mit dir selbst, ansonsten bist du der Einzige, den du hinters Licht führst. Alle anderen kennen deine Geheimnisse ohnehin.

Wir bitten euch, daran zu denken, dass das Thema, mit dem wir uns jetzt befassen, nicht als ein leichtes angesehen wird, obwohl es das sein sollte. Leicht macht Spaß, es ist witzig. Ihr könnt lachen, das ist in Ordnung. Also bereitet euch darauf vor, die er-leuchteten Wesen zu sein, die Ihr seid.

Wenn Ihr wahrhaftig Resultate hiermit erzielen wollt, dann wäre es das Beste, wenn Ihr alle Fragen in einem Abschnitt zuerst beantworten würdet, bevor Ihr zum nächsten Kapitel weiter geht.

Rasputin: 'Allo

Teilnehmer: Guten Abend, Rasputin.

R: Wie geht es euch? Also an diesem Abend werden wir über das sprechen, was euch am meisten am Herzen liegt und das ist Geld. Und es ist so, dass Geld für jeden von euch nicht das Thema ist, für das Ihr es haltet. Aber wir werden mit euch daran arbeiten, um euch dabei zu unterstützen, wie Ihr beginnen könnt zu lernen, mit Geld umzugehen, nicht als eine momentane Situation, sondern als das Erlauben von Überfluss, das die Wahrheit eures Selbst ist, das Ihr seid.

Nun werden wir also beginnen. Wir stellen euch die Frage: Was ist Geld? Und Ihr schreibt die drei Antworten auf, was Geld für euch ist. Schreibt nicht auf, was Geld sein sollte, sucht nicht nach der "richtigen" Antwort, denn so etwas wie die richtige Antwort gibt es ohnehin nicht. Erlaubt eurem Verstand davonzutreiben und erlaubt dem, was eure augenblickliche Wahrheit ist, die Antwort auf dieser Seite zu sein. Also drei Dinge, die Geld für dich sind.

FRAGE EINS: Was ist Geld?

Antwort 1: _____
_____
_____
_____

Antwort 2: _____
_____
_____
_____

Antwort 3: _____
_____
_____
_____

Okay, sind alle fertig? Die zweite Frage ist: Was bedeutet Geld für euch? Schreibt drei Antworten auf.

FRAGE ZWEI: Was bedeutet Geld für dich?

Antwort 1: _____
_____
_____
_____
_____

Antwort 2: _____
_____
_____
_____

Antwort 3: _____
_____
_____
_____

Dritte Frage: Was sind die drei Emotionen, die du hast, wenn du an Geld denkst?

FRAGE DREI: Was sind die drei Emotionen, die du hast, wenn du an Geld denkst?

Antwort 1: _____
_____
_____
_____
_____

Antwort 2: _____
_____
_____
_____

Antwort 3: _____
_____
_____
_____

Und jetzt die nächste Frage. Frage Nummer vier: Wie fühlt sich Geld für euch an? Drei Antworten. Wie fühlt sich Geld für dich an?

FRAGE VIER: Wie fühlt sich Geld für dich an?

Antwort 1:

Antwort 2:

Antwort 3:

Nächste Frage: Wie sieht Geld für dich aus?

FRAGE FÜNF: Wie sieht Geld für dich aus?

Antwort 1: _____
_____
_____
_____
_____

Antwort 2: _____
_____
_____
_____

Antwort 3: _____
_____
_____
_____

Seid Ihr alle fertig? Nächste Frage: Wie schmeckt Geld für dich? Fühle das Geld in deinem Mund. Wie schmeckt es? Die meisten von euch werden Geld nicht mehr im Mund gehabt haben, seit Ihr ein kleines Kind wart und so könnt Ihr das als Referenzpunkt verwenden.

FRAGE SECHS: Wie schmeckt Geld für dich?

Antwort 1: _____
_____
_____
_____
_____

Antwort 2: _____
_____
_____
_____
_____

Antwort 3: _____
_____
_____
_____

Nächste Frage. Seid Ihr alle bereit? Die nächste Frage ist: Wenn du Geld auf dich zukommen siehst, aus welcher Richtung fühlst du es kommen? Von rechts, von links, von hinten, von vorne, von oben, von unten, von überall her? Von wo siehst du es kommen?

FRAGE SIEBEN: Wenn du Geld auf dich zukommen siehst, aus welcher Richtung fühlst du es kommen?

Antwort 1:

Antwort 2:

Antwort 3:

In Ordnung, nächste Frage: In Bezug auf Geld, hast du das Gefühl, dass du mehr hast, als du brauchst, oder weniger als du brauchst?

FRAGE ACHT: In Bezug auf Geld, hast du das Gefühl, dass du mehr hast, als du brauchst, oder weniger als du brauchst?

Antwort 1: _____
_____
_____
_____
_____

Antwort 2: _____
_____
_____
_____

Antwort 3: _____
_____
_____
_____

Weiter: In Bezug auf Geld, wenn du die Augen schließt, welche Farbe hat es und wie viele Dimensionen?

FRAGE NEUN: In Bezug auf Geld, wenn du die Augen schließt, welche Farbe hat es und wie viele Dimensionen?

Antwort 1: _____
_____
_____
_____
_____

Antwort 2: _____
_____
_____
_____

Antwort 3: _____
_____
_____
_____

FRAGE ZEHN: In Bezug auf Geld, was ist einfacher, der Zufluss oder der Abfluss?

Antwort 1: _____
_____
_____
_____
_____

Antwort 2: _____
_____
_____
_____

Antwort 3: _____
_____
_____
_____

Nächste Frage: Was sind deine drei schwersten Probleme mit Geld?

FRAGE ELF: Was sind deine drei schwersten Probleme mit Geld?

Antwort 1: _____
_____
_____
_____
_____

Antwort 2: _____
_____
_____
_____

Antwort 3: _____
_____
_____
_____

Nächste Frage: Wovon hast du mehr, Geld oder Schulden?

FRAGE ZWÖLF: Wovon hast du mehr, Geld oder Schulden?

Antwort:

Wir werden euch noch eine Frage stellen: In Bezug auf Geld, um einen Überfluss an Geld in deinem Leben zu haben, welche drei Dinge wären eine Lösung für deine derzeitige finanzielle Situation?

FRAGE DREIZEHN: In Bezug auf Geld, um einen Überfluss an Geld in deinem Leben zu haben, welche drei Dinge wären eine Lösung für deine derzeitige finanzielle Situation?

Antwort 1:

Antwort 2:

Antwort 3:

In Ordnung. Habt Ihr alle eure Antworten? Hat irgendjemand keine Antworten? Gut, dann geht bitte jetzt zurück zum Anfang eurer Seiten, lest die Fragen durch und fragt euch selbst, ob Ihr vollkommen ehrlich in euren Antworten wart und ob das die Antworten sind, die Ihr gerne dort stehen haben wollt. Wenn nicht, ändert sie.

Schaut euch eure Antworten an und entscheidet, ob Ihr sie mit Ehrlichkeit kreiert habt, Ehrlichkeit euch selbst gegenüber. Es gibt keine richtigen Antworten, es gibt keine falschen Antworten. Es sind alles nur Ansichten. Das ist alles, was sie sind, Ansichten. Und sie sind die Begrenzungen, aus denen heraus Ihr euer Leben kreiert habt. Wenn Ihr von der Frage aus funktioniert, was wohl die richtige kosmische Anwort sein mag, dann seid Ihr nicht wahrhaftig mit eurem Selbst. Denn wenn Ihr das wärt, dann wäre euer Leben ziemlich anders.

Was ist Geld? Für einige bedeutet Geld Autos, für andere Häuser, für andere ist Geld Sicherheit, für wieder andere ist es ein Austausch von Energie. Aber ist Geld alles dies? Nein, das ist es nicht. Es ist Energie, so wie Ihr selbst auch Energie seid. Es gibt keinen Unterschied zwischen euch und Geld, abgesehen von den Ansichten, mit denen Ihr es belegt. Und ihr belegt Geld mit diesen Ansichten, weil Ihr diese Ansichten anderen abgekauft habt.

Wenn Ihr das, was eure finanzielle Situation ist, verändern wollt, wenn Ihr das verändern wollt, was Geld in eurem Leben ist, dann müsst Ihr lernen, mit allem im <u>Erlauben</u> zu sein. Aber vor allem müsst Ihr hinschauen, sobald Ihr eine Ansicht geliefert bekommt und herausfinden, ob diese Ansicht wahr ist für euch. Wenn sie für euch wahr ist, dann habt Ihr euch irgendwann an ihr ausgerichtet oder mit ihr übereingestimmt und sie damit zu etwas Solidem gemacht. Wenn sie nicht wahr ist für euch, dann leistet Ihr dieser Ansicht Widerstand oder reagiert auf sie und habt sie damit zu etwas Solidem gemacht. Nicht einmal eure eigenen Ansichten bedürfen eurer Zustimmung, sie können einfach nur interessante Ansichten sein.

Was Ihr seid, was Ihr haben wollt, das müsst Ihr SEIN. Das, was Ihr nicht in euch habt, könnt Ihr nicht haben. Wenn Ihr Geld außerhalb von euch seht, könnt Ihr es nicht haben. Wenn Ihr Geld irgendwo anders seht als innerhalb eures Seins, werdet Ihr es überhaupt niemals haben und von eurem Blickwinkel aus wird es niemals genug davon geben.

$$$$$$$$$$$$$$$$$$$$$$$$

KAPITEL EINS

Was ist Geld?

Rasputin: In Ordnung, seid Ihr also alle bereit? Alle fertig? Alle zufrieden mit euren Antworten? In Ordnung. Nun werden wir also beginnen, über Geld zu sprechen. Ihr habt nun ein gewisses Verständnis, ausgehend von den Dingen, die Ihr niedergeschrieben habt, in Bezug auf eure eigenen Ansichten über Geld. Ihr seht euer Leben als die finanzielle Situation, in der Ihr euch befindet. Ihr kauft die Ansicht ab, dass euer Leben das ist, was Ihr gerade als finanzielle Realität habt. Interessante Ansicht.

Jetzt werden wir noch einmal darüber sprechen, wie wir es schon so oft getan haben, was der Unterschied ist zwischen Erlaubnis und Akzeptanz. Erlaubnis: Ihr seid der Fels im Strom und jeder Gedanke, jede Vorstellung, jeder Glaube und jede Entscheidung kommt zu euch, fließt um euch herum und zieht weiter, wenn Ihr der Fels im Strom seid und Ihr im Erlauben seid. Wenn Ihr in der Akzeptanz seid, dann kommen alle Vorstellungen, Gedanken, Glaubenssätze und Entscheidungen zu euch und Ihr werdet Teil des Stroms und davongespült.

Akzeptanz hat drei Komponenten: Ausrichtung oder Übereinstimmung, was die Ansichten zu etwas Solidem macht. Widerstand, was sie zu etwas Solidem macht und Reaktion, was sie zu etwas Solidem macht. Wie sieht das nun im wirklichen Leben aus? Nun ja, wenn etwa dein Freund zu dir sagt: "Es gibt einfach nicht genug Geld auf der Welt." Wenn du dich darauf ausrichtest oder übereinstimmst, dann wirst du sagen: "Ja, du hast ganz recht." Und damit machst du diese Ansicht zu etwas Solidem in deinem Leben und in dem deines Freundes. Wenn du dich dagegen wehrst, wirst du denken: "Dieser Typ will sicher Geld von mir." Und damit machst du die Aussage zu etwas Solidem. Wenn du darauf reagierst, dann wirst du sagen: "Naja, ich habe jede Menge Geld in meinem Leben, ich weiß gar nicht, was mit dir nicht stimmt". Oder du sagst: "So wird es für mich nicht sein" und damit hast du es abgekauft. Du hast dafür gezahlt und nimmst die Ansicht in einer Tüte mit nach Hause und du hast sie zu etwas Solidem für dich gemacht.

Wenn dein Freund zu dir sagt: "Es gibt nicht genug Geld auf der Welt", dann ist das nur eine interessante Ansicht. Jedes Mal, wenn du irgendeine Information über Geld hörst, musst du sofort anerkennen, dass das nur eine interessante Ansicht ist. Es muss nicht deine Realität sein, es muss nicht das sein, was geschieht. Wenn du denkst, dass es einfacher ist zu borgen als zurückzuzahlen, dann hast du das zu etwas Solidem gemacht und fortwährende Schulden kreiert. Letzten Endes ist es aber nichts Anderes als eine interessante Ansicht.

Was ist Geld? Nun ja, einige von euch denken, dass Geld Gold ist, einige glauben, dass Geld Autos ist, einige von euch denken, dass Geld Häuser ist, einige von euch glauben, dass Geld Energieaustausch ist, einige von euch denken, dass es ein Tauschmittel ist. Beachtet, dass jede dieser Ansichten etwas Solides ist. Geld ist einfach nur Energie. Es gibt nichts auf der Welt, nichts, das nicht Energie ist.

Wenn Ihr euch euer Leben anschaut und denkt, dass Ihr nicht genug Geld habt, dann sagt Ihr buchstäblich den Engeln, die bei euch sind und euch unterstützen, dass Ihr kein zusätzliches Geld braucht, dass Ihr keine Energie braucht. In Wahrheit braucht Ihr keine Energie, Ihr seid Energie und Ihr habt nicht im Mindesten einen begrenzten Vorrat davon. Ihr habt mehr als genug Energie, um alles zu tun, was Ihr euch in eurem Leben ersehnt, aber Ihr wählt nicht, euch selbst als Geld, als Energie, als Macht zu kreieren.

Was ist Macht für euch? Für die meisten von euch geht es dabei darum, einen anderen zu überwältigen oder zu kontrollieren. Oder es hat mit der Kontrolle über euer Leben zu tun oder damit, euer Leben zu steuern, oder euer finanzielles Schicksal zu kontrollieren. Interessante Ansicht, hmm?

Finanzielles Schicksal, was ist das? Es ist ein seltsames Programm. Das ist, was es ist, ein Programm des Schicksals. Jedes Mal, wenn Ihr sagt: "Ich muss ein Programm für finanzielle Freiheit haben", erzählt Ihr euch selbst, dass Ihr keine persönliche Freiheit habt. Und deswegen habt Ihr eure Wahlen und das, was Ihr erlebt, im Ganzen begrenzt.

Wir bitten euch alle, in diesem Moment eure Augen zu schließen und damit zu beginnen, Energie von vorne in euch zu ziehen. Zieht Energie in jede Pore eures Körpers. Atmet sie nicht ein, zieht sie einfach in euch. Gut. Und jetzt zieht die Energie von hinter euch in euch von überall her. Und jetzt zieht sie von allen Seiten in euch und jetzt von unter euch. Beachtet, dass es eine Fülle an Energie gibt, die euch verfügbar ist, wenn Ihr sie in euch zieht. Und jetzt, verwandelt die Energie in Geld. Beachtet, wie die meisten von euch die Energie plötzlich sehr dicht gemacht haben. Nicht länger war es Energie, die Ihr in euch gezogen habt, es war etwas Signifikantes. Ihr habt die Vorstellung abgekauft, dass Geld eine Bedeutsamkeit ist und deswegen habt Ihr es zu etwas Solidem gemacht. Ihr habt euch der Zustimmung aller anderen Menschen in der Welt angeglichen. So funktioniert das, es funktioniert mit Energie. Die Welt funktioniert <u>nicht</u> durch Geld, die Welt funktioniert durch Energie. Die Welt zahlt in Engergiemünzen und wenn Ihr Geld als Energie gebt und empfangt, werdet Ihr Überfluss haben.

Aber für die meisten von euch ist das Einströmen von Energie die Kategorie, die Vorstellung. Zieht wieder Energie in die Gesamheit eures Körpers, zieht sie hinein, zieht sie hinein. Kannst du sie festhalten? Scheint es so, als würde sie sich aufbauen und mehr und mehr werden? Hört sie bei dir auf? Nein, Ihr selbst seid einfach Energie und Ihr kreiert Energie durch die Richtung, in die Ihr eure Aufmerksamkeit fokussiert. Mit Geld ist es dasselbe.

Also alles in der Welt ist Energie. Es gibt keinen Ort, von dem Ihr nicht Energie empfangen könnt. Ihr könnt Energie von dem Hundehaufen am Gehsteig empfangen, vom Urin im Schnee oder Ihr könnt sie vom Auto oder dem Taxifahrer fühlen. Hier, fangt Ihr sie alle auf? Ihr empfangt Energie von überall her. Und jetzt nehmt den Taxifahrer und lasst gewaltige Mengen an Geld von eurer Vorderseite zum Taxifahrer fließen, egal zu welchem Taxifahrer. Lasst es herausfließen, mehr, mehr, mehr, mehr, mehr, mehr, mehr. Jetzt fühlt die Energie, die von hinten in euch gezogen wird. Begrenzt Ihr die Menge an Energie, die von hinten in euch kommt?

Wo kommt Geld her? Wenn Ihr es von rechts oder von links kommen seht, dann seht Ihr, dass euer Leben sich um Arbeit dreht, denn das ist die einzige Möglichkeit, wie ihr Geld bekommen könnt. Wenn Ihr das Geld von vorne kommen seht, dann seht ihr es als ein zukünftiges Ereignis. Und wenn Ihr das Geld von hinten kommen seht, dann seht Ihr, dass es von dort kommt, was die Vergangenheit ist. Und dort ist der einzige Ort, an dem Ihr Geld hattet. In eurem Leben geht es darum: "Ich hatte Geld, jetzt habe ich keines, also bin ich sehr armselig." Das ist nicht die Wirklichkeit, nur eine interessante Ansicht.

Also wenn Ihr Geld fließen lasst, lasst Ihr es dann von eurem Herzchakra, eurem Wurzelchakra oder eurem Kronenchakra aus fließen, von wo lasst Ihr es fließen? Ihr lasst es von überall her fließen, von der Gesamheit eures Seins und dann fließt es in euch von der Gesamtheit eures Seins.

Wenn Ihr das Geld von oben auf euch zukommen seht, dann denkt Ihr, dass die geistige Welt euch das Geld zur Verfügung stellen wird. Die geistige Welt stellt euch die Energie zur Verfügung, die Energie, um damit alles das zu kreieren, was Ihr entscheidet, dass Ihr es kreiert. Was tut Ihr, um Geld zu kreieren? Vor allem Anderen müsst Ihr Macht werden. Macht bedeutet nicht, dass Ihr jemand anderen unterdrückt. Macht bedeutet nicht Kontrolle. Macht ist Energie… unbegrenzte, ausdehnende, wachsende, wunderbare, glorreiche, fabelhafte, überschwängliche und schnelle Energie. Sie ist überall. Es gibt kein Kleinmachen des Selbst und kein Kleinmachen eines anderen in der Macht. Wenn Ihr Macht seid, dann seid Ihr in eurer Gesamtheit – Ihr selbst! Und wenn Ihr Ihr selbst seid, dann seid Ihr Energie und als Energie ist alles mit euch verbunden, was bedeutet, dass auch unbegrenzte Mengen an Geld mit euch verbunden sind.

Ihr werdet also Macht werden und um das zu tun, müsst Ihr zehn Mal am Morgen sagen: "Ich bin Macht." Und auch am Abend sagt Ihr zehn Mal: "Ich bin Macht." Was müsst Ihr noch sein? Kreativität. "Ich bin Kreativität." Was ist Kreativität? Kreativität ist die Vision eures Lebens und der Arbeit, die Ihr wünscht zu tun als die Essenz von euch, als die Seele der Energie. Alles, was Ihr tut, egal ob Ihr den Boden aufwischt, die Toilette putzt oder die Fenster oder das Geschirr spült oder das Essen kocht oder einen Scheck ausstellt, wenn es als Kreativität getan wird, die mit Macht verbunden ist, ist es Energie und hat Geld zur Folge, denn dann ist all das das Gleiche.

Das nächste Element, das Ihr haben müsst, ist Gewahrsein. Was ist Gewahrsein? Gewahrsein ist die Erkenntnis, dass alles, alles, was Ihr denkt, kreiert wird. Es wird manifestiert. Es ist das, wie dein Leben sich zeigt, allein durch deine Gedanken.

Wenn Ihr das kreative Bild dessen habt, wohin Ihr gehen werdet und was Ihr tun werdet, und Ihr heftet das Gewahrsein daran, dass es eine abgeschlossene Sache ist, dann wird es sich manifestieren. Aber was Ihr auf dieser Ebene tut, ist Folgendes: Ihr fügt noch das Element Zeit hinzu – Zeit! Zeit ist euer Mörder, denn wenn Ihr nicht morgen schon eine Million Dollar kreiert, nachdem Ihr diesen Kurs heute besucht habt, dann werdet Ihr beschließen, dass es ein wertloser Kurs war. Und Ihr werdet all das vergessen, was Ihr gelernt habt.

Also wie berücksichtigt Ihr Zeit? Indem Ihr Kontrolle seid. "Ich bin Kontrolle."

Was bedeutet "Ich bin Kontrolle"? "Ich bin Kontrolle" ist das Verständnis, dass das, was Ihr als Kreativität vor eurem geistigen Auge seht, was Ihr als die Vollendung wahrnehmt, was Ihr als dessen Macht, als dessen Energie damit verbunden habt, dass das zur richtigen Zeit, auf die korrekte Art und Weise und ohne den Weg zu definieren, eine abgeschlossene Sache ist in seinem eigenen Zeitrahmen. Und wenn Ihr diese vier Komponenten zusammenfügt und dem Universum erlaubt, sich mit jedem einzelnen Aspekt davon zu arrangieren, um die Welt feinabzustimmen, um euer Sklave zu werden, dann werdet Ihr exakt das manifestieren, was Ihr euch ersehnt.

Nun lasst uns für einen Augenblick über Ersehnen sprechen. Ersehnen ist die Emotion, von der aus Ihr entscheidet zu kreieren. Ist das eine Realität? Nein, es ist nur eine interessante Ansicht. Wenn Ihr euch Kleidung ersehnt, tut Ihr das aus einem bestimmten Grund, weil euch kalt ist, weil euch zu heiß ist, weil eure Schuhe abgetragen sind? Nein, Ihr tut es nicht aus diesem Grund, Ihr tut es aus vielen anderen Gründen. Weil euch jemand erzählt hat, dass euch diese Farbe gut steht oder weil jemand gesagt hat, dass sie euch einmal zu oft in einem bestimmten Hemd gesehen haben oder weil sie denken….(Lachen)
Ja, wir sind erfreut, dass Ihr endlich ein wenig lockerer werdet hier. (Lachen)

In Ordnung, Ersehnen ist also der Ort, an dem Ihr die emotionalen Bedürfnisse in eure Beharrlichkeit einfließen lasst, die die Realität ist. Ihr als Wesen, als Energie, als Macht, Ihr als Kreativität, als Gewahrsein, Ihr als Kontrolle habt überhaupt keine Sehnsüchte, gar keine, keine Wünsche. Es kümmert euch nicht, welche Erfahrungen Ihr macht. Ihr wählt nur, Erfahrungen zu machen. Aber was Ihr auf dieser Ebene nicht wählt, ist Leichtigkeit. Ihr wählt keine Leichtigkeit, denn das würde bedeuten, dass Ihr Macht sein müsstet, denn das würde bedeuten, dass Ihr auf der Erde Frieden, Ruhe, Freude, Lachen und Herrlichkeit manifestieren müsstet. Nicht nur für euch selbst, sondern auch für alle anderen.

Ihr wählt aus der Verringerung des Selbst heraus. Wenn Ihr die Macht werdet, die Ihr seid, dann erfordert das von euch, in Freude, Leichtigkeit und Herrlichkeit zu leben.

Herrlichkeit ist der überschwängliche Ausdruck des Lebens und der Fülle in allen Dingen.

Was ist die Fülle in allen Dingen? Fülle in allen Dingen ist das Verständnis und die Realität dessen, dass du mit jedem einzelnen Wesen auf dieser Ebene verbunden bist, mit jedem einzelnen Molkeül auf dieser Ebene und dass jedes einzelne davon dich und die Energie und die Macht, die du bist, unterstützt. Wenn du aus irgendetwas heraus funktioniert, das weniger ist als das, weniger als das, dann bist du einfach ein Feigling.

Aus dieser Entkräftung heraus durch finanzielle Unsicherheit, kreiert Ihr euch selbst als klein, unfähig und sogar noch mehr als das, als nicht willens. Nicht gewillt, die Herausforderung dessen anzunehmen, was Ihr in Wahrheit seid, denn Ihr seid Macht, Ihr seid Kontrolle, Ihr seid Gewahrsein und Ihr seid Kreativität. Und diese vier Elemente kreieren eure Fülle. Werdet sie also, verwendet sie jeden Tag für den Rest eures Lebens, solange bis Ihr sie selbst sein könnt. Und Ihr könnt noch ein Element mehr hinzufügen und sagen: "Ich bin Geld. Ich bin Geld." In Ordnung, wir werden euch also jetzt bitten, mit uns gemeinsam Folgendes zu sagen, folgt uns dabei, wenn wir einige "Ich bin" sprechen. In Ordnung? Wir beginnen also:

Ich bin Macht. Ich bin Gewahrsein. Ich bin Kontrolle. Ich bin Kreativität. Ich bin Geld. Ich bin Kontrolle. Ich bin Macht. Ich bin Gewahrsein. Ich bin Kreativität. Ich bin Geld. Ich bin Gewahrsein. Ich bin Macht. Ich bin Kontrolle. Ich bin Gewahrsein. Ich bin Macht. Ich bin Kontrolle. Ich bin Geld. Ich bin Kreativität. Ich bin Freude. Gut.

Nun fühlt eure Energie und fühlt die Ausdehnung, die Ihr in eurer Energie fühlt. Dies ist die Wahrheit von euch und dies ist der Ort, von dem aus Ihr einen Geldfluss kreiert. Ihr habt die Tendenz, euch selbst in dieses kleine Herrschaftsgebiet zurückzuziehen, den Ihr euren Körper und Denken nennt. Hört auf zu denken, das Gehirn ist ein nutzloses Werkzeug für euch, werft das Gehirn weg und beginnt als die Wahrheit von euch selbst zu funktionieren, als die Macht von euch, die Ausdehnung von euch. Seid es in Totalität. Und nun, zieht euch alles selbst in eure finanzielle Welt. Fühlt sich das gut an?

Teilnehmer: Nein

R: Richtig. Wie kommt es also, dass Ihr wählt, dort zu leben? Von welchem begrenzenden Glauben aus funktioniert Ihr? Schreibt das auf.

Von welchem begrenzendem Glauben aus funktionierst du im Leben, der deine finanzielle Welt kreiert hat?

Antwort:_____
_____
_____
_____

Und jetzt bleibt Ihr ausgedehnt als Macht und schaut euch diese finanzielle Welt an, die Ihr in euch kreiert habt, nicht als eine Realität, sondern als einen Raum, aus dem heraus Ihr funktioniert. Welche begrenzenden Glaubenssätze müsst Ihr haben, um so zu funktionieren? Zieht euch nicht in euren Körper zurück, wir können fühlen, dass Ihr das tut. Berührt den Raum, seid nicht in ihm. Danke, so ist es recht. Dehnt euch aus, ja, genau so. Zieht euch nicht zurück in diesen Raum. Ihr tut es schon wieder, bewegt euch da hinaus.

Ich bin Macht. Ich bin Gewahrsein. Ich bin Kontrolle. Ich bin Kreativität. Ich bin Geld. Ich bin Macht. Ich bin Kontrolle. Ich bin Kreativität. Ich bin Geld. Ich bin Macht. Ich bin Kontrolle. Ich bin Kreativität. Ich bin Geld. Ich bin Macht. Ich bin Kontrolle. Ich bin Kreativität. Ich bin Geld. Ich bin Gewwahrsein. Ich bin Gewahrsein. Ich bin Gewahrsein. Genau. Danke.

Jetzt seid Ihr außerhalb eures Körpers. Ihr wählt, euch immer auf die Größe eures Körpers zu verkleinern, dann wählt Ihr eine Begrenzung in Bezug darauf, was Ihr empfangen könnt, denn Ihr denkt, dass nur euer Körper die Energie von Geld empfängt, was nicht wahr ist. Das ist die Lüge, von der aus Ihr funktioniert. In Ordnung, seid Ihr nun ausgedehnter? Nachdem Ihr euch das angeschaut habt, hat jeder von euch eine Antwort gefunden? Wer hat keine Antwort?

T: Ich habe keine.
R: In Ordnung. Du hast keine Antwort? Also lass uns mal schauen. Wie siehst du deine finanzielle Situation? Fühl sie in deinem Körper – wo in deinem Körper ist sie?
T: In meinen Augen.
R: In deinen Augen? Deine finanzielle Situation ist dort, so dass du nicht sehen kannst, was du kreierst, hmm?
T: Ja.
R: Ist also dein Gewahrsein in deinen Augen? Ah, interessant. Du beginnst jetzt, dich da hinauszubewegen, bemerkst du das? Ja, du beginnst dich hinauszubewegen. Der begrenzende Glaube, von dem aus du funktionierst, ist "Ich habe nicht die Voraussicht zu wissen, was geschehen wird und wie ich es kontrollieren kann." Wahr?
T: Ja.
R: Gut. Also wie holst du dich selbst aus diesem Glauben heraus? Haben alle anderen jetzt den Glauben gefunden, von dem aus Ihr funktioniert? Wer braucht noch einen Beitrag, wer braucht Hilfe?
T: Ich.
R: Ja? Was ist also deine finanzielle Situation und wo fühlst du sie in deinem Körper?
T: In meinem Solarplexus und in meiner Kehle.
R: Ja, in Ordnung. Also was ist das, Solarplexus und Kehle? Geh hinein, fühle es in Totalität, fühle es, ja, da, genau da. In Ordnung, du bemerkst, dass es immer schwerer wird. Ja, das ist es, mehr und mehr von der finanziellen Situation, was exakt das ist, was du fühlst, wann auch immer du in eine finanziell schwierige Situation gerätst, ja? In Ordnung, jetzt dreh das um und lass es in die andere Richtung gehen. Fühlst du es? Es verändert sich jetzt, oder?
T: Ah, ja...
R: Deine finanzielle Erwägung ist es, dass du nicht die Macht hast oder die Stimme, deine Wahrheit zu sprechen, um die Dinge geschehen zu lassen.

T: Ja.

R: Ja, genau so. Gut. Siehst du. Und jetzt für euch alle. Ihr versteht jetzt die Methode, so dreht Ihr die Effekte um, die Ihr in euren eigenen Körpern, in eurer eigenen Welt kreiert habt. Wo auch immer Ihr die finanziellen Einschränkungen in eurem Körper fühlt, Ihr dreht sie um und erlaubt ihnen, aus euch herauszukommen und außerhalb von euch zu sein, nicht in euch, damit es nicht Teil von euch ist, sondern in der Tat eine interessante Ansicht. Denn hier draußen habt Ihr eine Ansicht, Ihr könnt sie sehen. Und das, als was Ihr funktioniert, begrenzt durch euren Körper, kreiert Ihr auch als Begrenzung eurer Seele. Wer fühlt sich schon schwindlig? Irgendjemand?

T: Ich.

R: Ein wenig schwindlig hier? Okay. Also ein wenig schwindlig? Weshalb fühlst du dich schwindlig? Ist das nicht dort, wo du Betrachtungen in Bezug auf Geld fühlst? Sie wirbeln dich irgendwie herum und du weißt nicht genau, wie du damit umgehen sollst? Schiebe diesen Schwindel außerhalb deines Kopfes. Ah, fühl das, fühl das. Jetzt bist du Ausdehnung. Du siehst es nicht länger als etwas, das in deinem Kopf außer Kontrolle ist. Es gibt kein Außer Kontrolle. Das ist totaler Mist! Die einzigen Dinge, die euch kontrollieren, sind die roten Ampeln, die Ihr befolgt, und die grünen Ampeln, die euch sagen, dass Ihr losfahren sollt und das gilt nur, wenn Ihr Auto fahrt. Warum solltet Ihr diesen grünen und roten Ampeln Folge leisten, wenn Ihr in eurem Körper seid? Pawlowsche Konditionierung? Und jetzt bitten wir euch, zurück zu gehen zu euren ursprünglichen Fragen. Die erste Frage war welche?

T: Was ist Geld?

R: Was ist Geld? Was ist Geld für euch? Die Antworten.

T: Meine erste Antwort war Macht. Meine zweite Antwort war Mobilität, die dritte war Wachstum.

R: Gut. Also welche von diesen Antworten ist wahr?

T: Die Macht.

R: Wirklich?

T: Macht, das ist total wahr.

R: Ist das wirklich wahr? Du glaubst, dass Geld Macht ist? Hast du Geld?

T: Nein

R: Also hat du keine Macht?

T: Richtig.

R: Ist es das, wie du dich fühlst? Machtlos? Wo fühlst du diese Machtlosigkeit?

T: Wenn du es so sagst, dann fühle ich sie genau in meinem Solarplexus.

R: Ja, was also tust du? Schiebe es nach draußen.
T: Aber weißt du, als ich das Geld gefühlt habe, habe ich es in meinem Herzen gefühlt. Und wenn ich etwas tun muss, wo ich fühle…..
R: Ja, denn hier geht es um Macht. Das Machtthema fühlst du in deinem Solarplexus. Du hast deine Macht verkauft und sie weggegeben und diesen Fluss musst du umkehren. Die Macht ist deine, du bist Macht. Du kreierst keine Macht, du bist sie. Fühlst du es? Wenn du es nach draußen schiebst, beginnst du, dich wieder auszudehnen, geh nicht in deinen Kopf, denk nicht darüber nach, fühle es!
Ja, du drückst diese Macht hinaus. Nun, was bedeutet das? Das gilt für euch alle. In Wirklichkeit ist es so, wenn Ihr Geld als Macht habt und Ihr fühlt, wie sie in euch gezogen wird, dann versucht Ihr, Macht zu kreieren. Und dadurch habt Ihr bereits angenommen, dass Ihr keine habt, das ist die grundlegende Annahme. Alles, was eure Aufmerksamkeit feststecken lässt, beinhaltet eine Wahrheit mit einer angehängten Lüge.
T: Kannst du das bitte noch einmal sagen?
R: Alles, was eure Aufmerksamkeit feststecken lässt, in Bezug auf Macht?
T: Ja.
R: Wenn Ihr fühlt, dass Macht in euch hineinfließt, dann habt Ihr bereits angenommen, dass Ihr keine habt. Ihr habt das angenommen. Was tut das für euch? Es macht euch kleiner. Kreiert nicht von einer Annahme aus, von der Annahme, dass Geld Macht ist – fühlt es. Geld als Macht – ist das eine Solidität oder ist das nur eine interessante Ansicht? Wenn Geld Macht ist, dann macht Ihr es dazu. Fühlt die Energie darin. Es ist solide, oder? Könnt Ihr von einer Energie als etwas Solidem aus funktionieren? Nein, denn das ist der Ort, von dem aus Ihr die Schublade erschafft, in der Ihr lebt, und da sitzt Ihr alle in der Falle, genau jetzt! In der Vorstellung, dass Geld Macht ist. Deine nächste Antwort?
T: Meine nächste Antwort war Mobilität.
R: Mobilität?
T: Ja.
R: Geld erlaubt dir, dich zu bewegen, hmm?
T: Ja.
R: Wirklich? Du hast kein Geld, aber du hast es geschafft, von Pennsylvania nach New York zu kommen.
T: Naja, wenn du es so ausdrückst….
R: War es nicht so?

T: Ja.
R: Und wie viel Energie hast du hier bekommen, die dich verändert hat?
T: Oh, eine Menge mehr als nötig war, um hierher zu kommen. Ist es das, was du meinst?
R: Ja, es ist eine interessante Ansicht, nicht wahr? Also in welche Richtung lässt du es fließen? Mehr hinein oder mehr hinaus?
T: Oh, unter diesem Gesichtspunkt mehr hinein.
R: Richtig. Aber siehst du, du denkst immer, dass du dich selbst verringerst, weil du Energie bekommst, aber gleichzeitig siehst du Geld nicht als Energie, die auch hereinfließen kann, hereinkommen kann. Du bist in Erlaubnis für Energie und das mit großer Freude, nicht wahr?
T: Ja.
R: Mucho Gusto?
T: Ja.
R: Herrlichkeit, das ist es. Fühle nun diese Herrlichkeit der Energie, der Energie, die du in den letzten paar Tagen erfahren hast. Fühlst du das?
T: Ja.
R: Verwandle all das in Geld. Boah, was für ein Wirbelwind das wäre, ha?
T: (Lachen).
R: Wie also kommt es, dass Ihr dem nicht erlaubt, in eurem Leben zu sein für die restliche Zeit? Weil Ihr euch nicht empfangen lassen wollt. Denn die Annahme dahinter ist, dass Ihr etwas braucht. Wie fühlt sich Brauchen an?
T: Es fühlt sich nicht gut an.
R: Es fühlt sich wie etwas Solides an, hmm? Das ist der Deckel auf eurer Schachtel. *Brauchen*, das ist eines der schmutzigsten Wörter in eurer Sprache. Werft es weg! Nehmt es, genau jetzt, schreibt es auf ein extra Blatt. Schreibt "brauchen"! Reißt das Blatt aus eurem Heft und zerreißt es! Und jetzt müsst Ihr die Schnipsel einstecken, sonst bekommt D (ein anderer Teilnehmer) Probleme. (Lachen) Gut! Wie fühlst sich das an?
T: Gut.
R: Fühlt sich großartig an, hmm? Ja, jedes Mal also, wenn Ihr das Wort *Brauchen* verwendet, schreibt Ihr es auf und zerreißt den Zettel, bis es aus eurem Wortschatz ausradiert ist.
T: Darf ich eine Frage stellen?
R: Ja, es gibt Fragen?
T: Ja, nur wegen... Ich dachte vorhin, du hättest erklärt, dass die Worte *Macht*, *Energie* und *Gewahrsein* austauschbar sind.

R: Nicht ganz. Wenn Ihr sie signifikant macht, dann habt Ihr sie zu etwas Solidem gemacht. Ihr müsst sie als Energieflüsse belassen. Macht ist Energie, Gewahrsein ist Energie, als ein Wissen mit absoluter Gewissheit, ohne jeden Zweifel, ohne jeden Vorbehalt. Wenn Ihr denkt: "Nächste Woche werde ich eine Million Dollar haben" und gleichzeitig hört Ihr diese kleine Stimme in euch, die sagt: "Willst du wetten?" oder: "Wie willst du das schaffen?" oder: "Oh, mein Gott, ich kann nicht glauben, dass ich mich so festgelegt habe!", dann habt Ihr euch bereits selbst widerlegt bis zu dem Punkt, wo das Ganze in dem Zeitrahmen, den Ihr dafür kreiert habt, nicht geschehen kann, was wiederum ein Kontrollthema ist.

Wenn Ihr sagt: "Ich wünsche mir, eine Million Dollar auf der Bank zu haben" und Ihr wisst, dass Ihr das tun werdet und euch keinen Zeitrahmen setzt, denn Ihr habt die Kontrolle darüber, eure Gedankenprozesse zu beobachten und jedes Mal, wenn Ihr einen Gedanken habt, der kontraproduktiv ist, dann sagt Ihr euch: "Oh, interessante Ansicht" und radiert den Gedanken aus, dann kann es sich sehr viel schneller verwirklichen. Jedes Mal, wenn Ihr einen Gedanken habt, den Ihr nicht ausradiert, verlängert Ihr die Zeitperiode, in der es nicht existieren kann.

Ihr grabt euch selbst den Boden weg. Seht Ihr, wenn Ihr euch das Ganze von einer gundlegenden Absicht her anschaut, sagen wir, Ihr habt dieses Golf Tee, und die Spitze ist hier und Ihr setzt eure Vorstellung über eine Million Dollar auf die Spitze des Tees und jedes Mal, wenn Ihr etwas Negatives über das sagt oder denkt, was Ihr beschlossen habt zu kreieren, untergrabt Ihr das Fundament ein wenig mehr, bis der Tee mit eurer Absicht kippt und umfällt. Und dann existiert er nicht mehr. Dann baut Ihr ihn wieder auf und Ihr beschließt das Ganze erneut, aber Ihr habt bereits wieder damit begonnen, euch stetig das Fundament abzugraben. Die Balance auf der Spitze – Ihr müsst die Spitze aufrechterhalten als ein Wissen, als eine Realität, die bereits existiert. Und schließlich werdet Ihr dann in eurer Zeitsequenz das einholen, was Ihr kreiert habt. Erst dann bekommt Ihr es, habt Ihr es, ist es eures. In Ordnung, wir gehen zurück zu deiner zweiten Antwort. Mobilität. Was ist Mobilität? Deinen Körper herumbewegen?
T: Naja, so habe ich es gemeint.
R: Du hast es so gemeint, dass du deinen Körper umher bewegst oder hast du Freiheit damit gemeint?

T: Naja, beides.

R: Beides?

T: Ja.

R: Noch einmal, die Annahme dahinter ist, dass du es nicht hast. Beachtet, es sind eure Annahmen, die negativen Ansichten, die euch nicht erlauben, *euch nicht erlauben*, das zu empfangen, was Ihr euch im Leben wünscht. Wenn Ihr sagt, Ihr braucht oder ersehnt euch Freiheit, dann habt Ihr automatisch die Ansicht kreiert, dass Ihr keine Freiheit habt. Das ist weder Macht noch Gewahrsein, noch Kontrolle, noch Kreativität. Naja, irgendwie ist es eine Art Kreativität. Ihr habt es kreiert und Ihr habt es zu einer Realität gemacht, von der aus Ihr funktioniert. Bewusstsein ist der Prozess, durch den Ihr euer Leben kreieren werdet, nicht durch Vermutungen. Ihr könnt nicht aus Vermutungen heraus funktionieren. Das ist eine kleine Alliteration. Wir sollten ein Gedicht verfassen. In Ordnung. Und nun deine dritte Antwort.

T: Die dritte, oh, naja, Wachstum.

R: Oh, bist du in den letzten 20 Jahren nicht gewachsen?

T: Naja, Wachstum, ich hatte diese Vorstellung, dass ich es brauche zu reisen, um…

R: Was hast du gesagt?

T: Ich würde gern in der Lage sein zu reisen …

R: Was hast du gesagt?

T: Ich sagte, ich würde gern…oh, ich habe gesagt "ich brauche".

R: Ja, schreib das Wort auf und zerreiß es. (Lachen). Nimm dir lieber kleinere Zettel.

T: Ja, das denke ich auch. Ja, ich wäre gern in der Lage zu reisen, wenn ich von spannenden Workshops höre, wo ich etwas lernen kann.

R: Interessante Ansicht. Nun, was ist die automatische Ansicht, die Annahme, von der aus du funktionierst? "Dass ich es mir nicht leisten kann." "Dass ich nicht genug Geld habe." Fühle deine Energie. Fühle deine Energie, wie fühlt sich das an?

T: Gerade jetzt fühlt es sich sehr ausgedehnt an.

R: Gut. Aber wenn du das sagst, wie fühlt es sich an?

T: Wenn ich das sage?

R: Ja. Wenn du annimmst, dass du nicht genug Geld hast.

T: Oh, das fühlt sich nach weniger an, das fühlt sich…

R: Gut. Also musst du noch immer von diesem Ort aus funktionieren?

T: Hoffentlich nicht.

R: Hoffentlich nicht? Interessante Ansicht.
T: Ganz sicher.
R: Bewusstsein, Bewusstsein. Jedes Mal, wenn Ihr euch so fühlt, wacht auf!! Wenn Ihr euch so fühlt, dann seid Ihr nicht länger wahrhaftig mit euch selbst. Ihr seid nicht länger Macht, Gewahrsein, Kontrolle, Kreativität oder Geld. In Ordnung. Hat jemand irgendwelche Ansichten darüber, was Geld für ihn ist, und er hätte gern eine Klärung von seiner angenommene Ansicht?
T: Ja.
R: Ja?
T: Meine erste Antwort war kosmischer Treibstoff.
R: Kosmischer Treibstoff? Ist es das, was du wahrhaftig glaubst? Und was ist die Annahme dahinter? Dass du keinen kosmischen Treibstoff hast? Die Annahme dahinter ist, dass du keinen kosmischen Treibstoff hast, dass du nicht verbunden bist mit dem Kosmos und dass du kein Gewahrsein bist. Ist irgendetwas davon wahr?
T: Nein.
R: Nein, nichts davon ist wahr. Also funktioniert nicht aus der Annahme, funktioniert aus der Realität heraus. Ihr habt jede Menge kosmischen Treibstoff, sehr viel davon, einen Überfluss. Ja, so ist es. Habt Ihr es verstanden? Habt Ihr noch eine andere Ansicht, nach der Ihr fragen möchet?
T: Ja, ich hatte einen Rettungsring zum Überleben.
R: Ah, interessante Ansicht. Wir schätzen mal, dass es da sechs oder sieben andere gibt, die die gleiche Ansicht haben könnten. Nun, was ist die Annahme hier, aus der du funktionierst? Tatsächlich gibt es drei davon in dieser speziellen Ansicht. Schau sie dir an, was siehst du, was nimmst du hier an? Erstens nimmst du an, dass du überleben wirst oder dass du überleben musst. Wie viele Milliarden Jahre bist du alt?
T: Sechs.
R: Mindestens. Du hast also bereits sechs Milliarden Jahre überlebt. In wie vielen dieser Leben hast du es geschafft, deinen Rettungsring mitzunehmen? (Lachen) Was?
T: In allen.
R: Du hast deinen Geld-Rettungsring in all diesen Leben bei dir gehabt, deinen Rettungsring zum Überleben?
T: Ja.
R: Wenn du vom Überleben sprichst, dann sprichst du über deinen Körper. Du nimmst an, dass du ein Körper bist und dass er nur mit Geld überleben kann.

Hör auf zu atmen und atme Energie in deinen Solarplexus, sauge nicht eine Riesenmenge Luft ein, um das zu tun. Beobachte, dass du drei oder vier Züge Energie nehmen kannst, bevor du das Gefühl hast, dass du atmen musst und dein Körper fühlt sich energetisiert. Ja, genauso. Jetzt kannst du atmen, atme Energie ein, genauso wie du Luft einatmest. So wirst du Energie und Geld, du atmest Energie ein mit jedem einzelnen Atemzug, du atmest Geld ein mit jedem einzelnen Atemzug. Da ist kein Unterschied zwischen dir und Geld. In Ordnung. Habt Ihr das jetzt verstanden? Ist das deutlich?

T: Verstehe ich das?

R: Verstehst du jetzt, wie jemand funktioniert und was deine Annahme in diesem Fall ist?

T: Ja.

R: In Ordnung. Und brauchst du das jetzt noch?

T: Nein.

R: Gut. Was könnt Ihr nun damit anfangen? Verändert es, Ihr alle könnt diese Dinge verändern, nehmt die Annahme weg und kreiert eine neue Ansicht als Macht, als Energie, als Kontrolle, als Kreativität, als Geld. Welche neue Ansicht hättet Ihr?

T: Dass ich Macht bin, dass ich Energie bin.

R: Genau so und das bist du, oder etwa nicht? Und warst du das nicht schon immer? Was für eine interessante Ansicht. In Ordnung. Die nächste Frage also. Wer meldet sich freiwillig dafür?

T: Du hast gesagt, dass es drei Annahmen gibt in Bezug auf diesen Rettungsring.

R: Ja.

T: Aber wir haben doch erst eine bekommen, oder?

R: Ihr habt zwei bekommen.

T: Zwei? Überleben müssen.

R: Ich werde überleben, ich muss überleben, ich kann nicht überleben.

T: Okay.

R: Und was ist die dritte? Denkt darüber nach. Ich bin nicht gewillt zu überleben. Die unausgesprochene Ansicht.

KAPITEL ZWEI

Was bedeutet Geld für dich?

Rasputin: Bitte lest die zweite Frage und die Antworten.
Teilnehmer: Was bedeutet Geld für dich?
R: Was ist deine erste Antwort?
T: Sicherheit.
R: Sicherheit. Wie ist Geld Sicherheit?
T: Wenn du es hast, dann sicherst du deine Gegenwart und deine Zukunft.
R: Interessante Ansicht. Ist das wahr, ist das real? Wenn du dein Geld auf der Bank hast und die Bank bankrott geht, bist du dann sicher? Wenn du dein Geld im Haus aufbewahrst und es an dem Tag abbrennt, als du vergessen hast, die Feuerversicherung zu zahlen, hast du dann Sicherheit?
T: Nein.
R: Es gibt nur eine Sicherheit, die Ihr habt, und es ist nicht Geld, das sie kreiert. Die Sicherheit liegt in eurer Wahrheit als Wesen, als Seele, als einer des Lichts. Und von da aus kreiert Ihr. Als Energie seid Ihr Macht. Als Macht, als Energie verfügt Ihr über die einzige wahre Sicherheit, die es gibt. Würdet Ihr in Kalifornien leben, würdet Ihr wissen, dass es keine Sicherheit gibt, denn unter euren Füßen ist alles in Bewegung. Aber hier an der Ostküste, haltet Ihr den Untergrund für sicher, was er nicht ist. Das, was Ihr die Welt nennt, ist kein solider Ort, sie ist nichts als Energie. Sind diese Wände solide und fest? Sogar eure Wissenschaftler verneinen das. Die Moleküle darin bewegen sich nur langsamer und deswegen scheinen die Wände fest zu sein.
Seid Ihr solide? Sicher? Nein, Ihr seid der Raum zwischen einem Haufen Moleküle, die Ihr als den Anschein von Festigkeit kreiert und geformt habt. Ist das Sicherheit? Wenn Ihr Sicherheit mit Geld haben könntet, könntet Ihr es dann mitnehmen, wenn Ihr sterbt? Könntet Ihr es so arrangieren, dass Ihr einen neuen Körper bekommt und zurückkommen und es in eurem nächsten Leben wiederbekommen? Ist es also wirklich Sicherheit, das Ihr mit Geld kauft? Bedeutet Geld wirklich Sicherheit oder ist das nur eine Ansicht, die Ihr übernommen habt, die Ihr von anderen abgekauft habt, wie Ihr euer Leben kreieren sollt?
T: Sagst du mir also, dass ich Geld kreieren kann, wenn ich Geld denke?
R: Ja. Nicht wenn du es denkst, aber wenn du es BIST!

T: Wie werde ich Geld?

R: Zuallererst müsst Ihr die Vision eures Lebens haben und Ihr erreicht das mit "Ich bin Kreativität." Ihr seid Kreativität als eine Vision. Ihr seid "Ich bin Macht" als Energie. Ihr seid "Ich bin Gewahrsein" als das exakte Wissen, dass die Welt so sein wird, wie Ihr sie seht. Und Ihr seid "Ich bin Kontrolle", nicht aus einem persönlichen Interesse daran, wie Ihr dahin kommt, sondern in dem Gewahrsein, dass das Universum die Zahnräder so bewegen wird, dass eure Vision verwirklicht wird, wenn Ihr eure Macht aufrecht erhaltet und euer Gewahrsein aufrecht erhaltet in Übereinstimmung mit dem, was Ihr tut. Und dann, wenn Ihr diese vier Elemente an Ort und Stelle habt, dann werdet Ihr "Ich bin Geld."

Und Ihr könnt sie nutzen. Ihr könnt sagen: "Ich bin Macht. Ich bin Gewahrsein. Ich bin Kontrolle. Ich bin Kreativität. Ich bin Geld." Und nutzt sie jeden Morgen und jeden Abend, bis Ihr Geld werdet, bis Ihr Kreativität werdet, bis Ihr Gewahrsein werdet, bis Ihr Kontrolle werdet, bis Ihr Macht werdet. Das ist es, wie Ihr Geld werdet. Das "Ich bin" es zu sein. Denn das ist es, das ist es, wie Ihr euch selbst jetzt kreiert. Seht Ihr, wenn Ihr euch selbst von der Ansicht "Ich werde Sicherheit bekommen, indem ich Geld bekomme" aus kreiert, dann ist das was? Es ist eine Zeit-Sequenz, eine Zukünftigkeit, nicht wahr?

T: Richtig.

R: Und so kannst du es niemals erreichen.

T: Muss man immer in der Gegenwart sein?

R: Ja! "Ich bin" bringt dich immer in die Gegenwart. Also welche andere Ansicht hast du noch über Geld, was es für dich bedeutet?

T: Naja, Sicherheit war meine hauptsächliche Antwort, denn die anderen beiden wären Zuhause und Zukunft. Aber wenn ich Sicherheit hätte, dann wäre mein Zuhause sicher und auch meine Zukunft. Also geht es wirklich um…

R: Wirklich? Ist das wirklich wahr?

T: Nein, nein, nein, ist es nicht. Ich verstehe, wo du mich gerade hindurch geführt hast, durch mein hauptsächliches Bedürfnis nach Sicherheit.

R: Ja, gut.

T: Ich verstehe die "Ich bins".

R: Ja. Hat irgendjemand sonst eine Ansicht, über die Ihr Klarheit haben möchtet?

T: Glück.

R: Glück. Geld kauft euch Glück, hmm?

T: Ich denke schon.

R: Wirklich? Hast du Geld in deiner Tasche?

T: Nicht viel.

R: Bist du glücklich?

T: Ja…

R: Geld hat dir das nicht erkauft, oder?

T: Nein.

R: Das ist richtig, Ihr kreiert Glück, Ihr kreiert die Freude in eurem Leben, nicht Geld. Geld kann Glück nicht kaufen, aber wenn Ihr die Ansicht habt, dass Geld Glück kauft und Ihr kein Geld habt, wie könnt Ihr dann Glück haben? Und die Bewertung, die sofort darauf folgt ist: "Ich habe nicht genug Geld, um glücklich zu sein." Und sogar wenn Ihr mehr davon bekommt, dann habt Ihr immer noch nicht genug Geld, um glücklich zu sein. Versteht Ihr, worum es geht? Wie fühlt Ihr euch in Bezug darauf?

T: Ich weiß, dass ich immer glücklich bin, sogar wenn ich kein Geld habe, aber wenn ich weiß, dass ich jemanden am Donnerstag bezahlen muss und das Geld nicht habe, dann neige ich dazu, in eine schlechtere Stimmung zu geraten.

R: Ah! Da haben wir´s, jetzt kommen wir dahin – in die Zeit. Wie kreierst du Geld?

T: Mit einem Job, durch Arbeit.

R: Das ist eine interessante Ansicht. Du meinst, du kannst nur empfangen, indem du arbeitest?

T: Das ist die Erfahrung, die ich bisher gemacht habe.

R: Welche Ansicht war also zuerst da? Die Vorstellung, dass du arbeiten musst, um Geld zu haben oder die Erfahrung?

T: Die Vorstellung.

R: Richtig. Du hast es kreiert, oder nicht?

T: Ja.

R: Also bist du verantwortlich dafür. Du hast deine Welt exakt nach deinen Gedankenmustern kreiert. Werft euer Gehirn weg, es steht euch im Weg! Wenn Ihr denkt, Ihr werdet nicht reich, dann werdet Ihr begrenzt. Dieser Denkprozess steht euch im Weg und dann seid Ihr kleiner. Ihr habt euch selbst begrenzt in Bezug darauf, was Ihr erreichen und bekommen werdet. Du warst immer schon in der Lage, Glück zu kreieren, ist es nicht so?

T: Ja.

R: Und es sind nur die Rechnungen, die dir im Weg stehen, ja?

T: Ja.

R: Denn du denkst, dass du eine Vision von Geld hast, von dem, wie dein Leben sein wird, ja?
T: Ja.
R: Also hab diese Vision jetzt. Wie fühlt sie sich an? Leicht oder schwer?
T: Leicht.
R: Und wenn du in dieser Leichtigkeit bist, weißt du dann, dass du alles bezahlen wirst, was du schuldig bist?
T: Kannst du das noch einmal sagen?
R: In dieser Leichtigkeit, weißt du dann, als Gewahrsein, dass du immer zahlen wirst, was du schuldest?
T: Ja.
R: Du weißt es? Du hast absolutes Gewahrsein und Gewissheit in Bezug darauf?
T: Dass ich alle bezahlen muss, denen ich etwas schulde.
R: Nein, nicht dass du es musst, aber dass du es tun wirst.
T: Ja, ich denke, das werde ich.
R: Oh, interessante Ansicht: "Ich denke, das werde ich." Wenn du denkst, dass du es bezahlen wirst, hast du dann den Wunsch zu bezahlen oder wehrst du dich dagegen?
T: Ich wehre mich dagegen.
R: Ja, du wehrst dich dagegen. Ja, du wehrst dich gegen die Bezahlung? Worin liegt der Zweck, sich dagegen zu wehren?
T: Das könnte ich dir nicht sagen.
R: Was wäre die darunterliegende Ansicht in Bezug auf den Wunsch, nicht zu bezahlen? Wenn du genug Geld hättest, würdest du die Rechnung dann bezahlen?
T: Ja.
R: Was also ist die darunterliegende Ansicht, die nicht ausgedrückt wird?
T: Dass ich mir Sorgen um Geld mache, dass ich nicht bezahlen will.
R: Dass du nicht genug haben wirst, ja?
T: Ja.
R: Ja, es ist die unausgedrückte Ansicht, es ist das, was du dir nicht anschauen kannst, was dich in Schwierigkeiten bringt. Denn das ist der Ort, von dem aus du kreiert hast, von der Ansicht aus, dass es da überhaupt nicht genug gibt. Hast du das also als Realität kreiert, dass es nicht genug gibt?
T: Ja.
R: Ist das ein Ort, von dem aus du gern funktionieren möchtest?

T: Ich verstehe nicht, was du sagst.
R: Gefällt es dir von "nicht genug" aus zu funktionieren?
T: Ja.
R: Was also ist der Wert daran, "nicht genug" zu wählen?
T: Da gibt es keinen.
R: Es muss einen geben, sonst hättest du diese Wahl nicht getroffen.
T: Haben wir nicht alle diese Angst?
R: Ja, Ihr alle habt diese Angst, dass es da nicht genug geben wird und Ihr alle funktioniert aus der Gewissheit heraus, dass es nicht genug geben wird, was der Grund ist, weshalb Ihr nach Sicherheit sucht und weshalb Ihr nach Glück sucht und weshalb Ihr nach einem Zuhause sucht und weshalb Ihr nach einer Zukunft sucht, wenn Ihr in Wirklichkeit jede Zukunft kreiert habt, die Ihr jemals hattet. Jede Vergangenheit, jede Gegenwart und jede Zukunft wurde von euch kreiert. Und Ihr habt einwandfreie Arbeit abgeliefert, indem Ihr sie exakt so kreiert habt, wie Ihr sie euch erdacht habt. Wenn Ihr denkt, dass da nicht genug ist, was kreiert Ihr?
T: Nicht genug.
R: Genauso ist es, es wird nicht genug geben. Und nun, gratuliert euch selbst dafür, dass Ihr so gute Arbeit geleistet habt. Ihr habt einwandfrei wundervoll gearbeitet, um "nicht genug" zu kreieren. Herzlichen Glückwunsch, Ihr seid sehr gute, großartige und glorreiche Kreateure!
T: Indem wir nichts kreiert haben.
R: Oh, nun, Ihr habt etwas kreiert. Ihr habt Schulden kreiert oder etwa nicht?
T: In Ordnung, das ist richtig.
R: Ihr wart sehr gut darin, Schulden zu kreieren, Ihr wart sehr gut darin, "nicht genug" zu kreieren, Ihr wart sehr gut darin, ausreichend zu kreieren, um euch selbst zu ernähren und zu kleiden, ja? Also habt Ihr einen hervorragenden Job gemacht mit diesem Teil des Kreierens. Nun, welche Ansicht ist das, aus der heraus Ihr nicht kreiert? Keine Begrenzung, keine Begrenzung.
T: Braucht man dafür nicht sehr viel Übung?
R: Nein, dafür braucht man keine Übung.
T: Wirklich, tun wir es einfach nur die ganze Zeit?
R: Ja, alles was Ihr tun müsst, ist "Ich bin Kreativität" zu SEIN, die Vision eures Lebens. Wie hättet Ihr gern, dass euer Leben aussieht? Was würde es sein, wenn Ihr es auf jede nur mögliche Weise kreieren könntet, die Ihr wählt? Wärt Ihr ein Millionär oder ein Almosenempfänger?
T: Ein Millionär.

R: Woher weisst du, dass es besser ist, ein Millionär zu sein als ein Almosenempfänger? Wenn du ein Millionär bist, könnte dir jemand all dein Geld stehlen. Wenn du ein Almosenempfänger bist, würde dir niemand dein Geld stehlen. Du würdest dir also wünschen, ein Millionär zu sein? Zu welchem Zweck? Welcher Wert liegt darin, ein Millionär zu sein? Es scheint eine gute Idee zu sein, aber es scheint nur eine gute Idee zu sein, richtig?
T: Ja, es ist eine gute Idee.
R: Es ist also eine gute Idee, okay. In Ordnung. Lasst uns also ein wenig Spaß haben. Schließt eure Augen und stellt euch vor, dass Ihr einen 100-Dollar-Schein in eurer Hand haltet. Jetzt zerreißt diesen Schein in kleine Schnipsel und werft sie weg. Oh, das hat weg getan.
Kurs (Lachen).
R: Und jetzt stellt euch tausend Dollar vor, zerreißt sie und werft sie weg. Das hat noch mehr weh getan, nicht wahr?
T: Ja.
R: Und jetzt zehntausend Dollar und Ihr verbrennt sie, werft sie ins Kaminfeuer. Interessant, es war nicht so schwer, zehntausend Dollar ins Feuer zu werfen, nicht wahr? In Ordnung. Und jetzt werft hunderttausend Dollar ins Feuer. Und jetzt werft eine Million Dollar ins Feuer. Und jetzt werft zehn Millionen Dollar ins Feuer. Und jetzt SEID zehn Millionen Dollar. Worin liegt der Unterschied zwischen zehn Millionen Dollar ins Feuer zu werfen und zehn Millionen Dollar zu sein?
T: Es fühlt sich sehr viel besser an.
R: Gut. Wie kommt es dann, dass Ihr immer all euer Geld ins Feuer werft?
Kurs: (Lachen)
R: Immer werft Ihr euer Geld weg und immer gebt Ihr es aus, in dem Versuch, glücklich zu sein, in dem Versuch zu überleben. Ihr erlaubt euch selbst nicht, so viel zu kreieren, dass Ihr fühlt, dass Ihr Geld seid, dass Ihr gewillt seid, Geld zu sein. Die Bereitschaft, Geld zu sein, bedeutet eine Million Dollar zu sein oder zehn Millionen Dollar zu sein. Es zu sein. Es ist nur Energie, es hat keine wirkliche Signifikanz, außer wenn Ihr es dazu macht. Wenn Ihr es signifikant macht, macht Ihr es schwer. Wenn es signifikant wird, wird es zu einer Solidität und dann habt Ihr euch selbst in der Falle gefangen. Die Schublade deiner Welt sind die Parameter, von denen aus Ihr eure Begrenzungen kreiert. Nur weil Ihr eine größere Schublade haben mögt, bedeutet das nicht, dass es keine Schublade mehr ist. Es ist immer noch eine Schublade. Ihr versteht, was ich meine?

T: Ja.
R: Und gefällt es euch?
T: Ja.
R: Gut.
T: Es ist trotzdem schwierig. (Lachen)
R: Nun, das ist eine interessante Ansicht. Es ist schwierig, Geld zu sein, hmm?
T: Ja.
R: Nun, sieh dir diese Ansicht an. Was kreierst du mit dieser Ansicht?
T: Ich weiß, ich begrenze alles Mögliche.
R: Ja, du machst es schwierig, solide und real. Junge, was für eine gute Arbeit du damit abgeliefert hast. Gratuliere, du bist ein großartiger und glorreicher Kreateur.
T: Diese zwei magischen Worte: Ich bin.
R: Ich bin Geld, ich bin Macht, ich bin Kreativität, ich bin Kontrolle, ich bin Gewahrsein. In Ordnung, hat noch irgendjemand eine Ansicht, die der Erklärung bedarf?
T: Man kann Geld machen, ohne dafür zu arbeiten?
R: Man kann es machen, ohne dafür zu arbeiten. Nun, hier gibt es zwei sehr interessante Begrenzungen. Zuerst einmal, wie macht Ihr Geld? Habt Ihr eine Druckerpresse in eurem Garten stehen?
T: Nein.
R: Und ohne dafür zu arbeiten. Was bedeutet Arbeit für dich?
T: Ein Gehaltsscheck.
R: Arbeit ist ein Gehaltsscheck?
T: Ja.
R: Du sitzt also Zuhause und kassierst so einen?
T: Nein, ich gehe zur Arbeit.
R: Nein, Arbeit ist etwas, das du hasst. Fühle das Wort *Arbeit*, fühle es. Wie fühlt es sich an? Fühlt es sich leicht und luftig an?
T: Nein.
R: Fühlt sich wie Scheiße an, hmm? (Lachen) Arbeit. Ist es Arbeit, in deine Kristallkugel zu schauen?
T: Nein.
R: Naja, kein Wunder, dass du kein Geld machst. Du siehst nicht, was du als deine Arbeit machst, nicht wahr?
T: Ich weiß noch nicht, was ich wirklich mache.

R: Interessante Ansicht. Wie kannst du "Ich bin Gewahrsein" sein und nicht wissen, was du tust? Welche Annahme liegt dem zu Grunde? Welches ist die darunterliegende Ansicht, von der aus du funktionierst? Ist es "Ich habe Angst"?

T: Nein, das verstehe ich nicht.

R: Du verstehst was nicht? Wenn du deine Fähigkeiten anzweifelst, kannst du nichts für sie verlangen. Ja?

T: Es ist nicht so, dass ich sie anzweifeln würde. Es ist so, dass ich sie nicht verstehe. Ich weiß nicht, was ich sehe.

R: Gut, also lass deinen Verstand los, verbinde dich mit deinen geistigen Führern und lass die Kugel dich führen. Du versuchst, das Ganze aus deiner gedanklichen Ansicht heraus zu durchdenken und zu analysieren. Du bist keine Denkmaschine. Du bist hellsichtig. Jemand der hellsichtig ist, tut gar nichts, außer für die Bilder da zu sein, die kommen, und seinen Verstand loszulassen und seinen Mund freizulassen und es fließen zu lassen. Kannst du das?

T: Ja, das tue ich.

R: Und du tust es sehr gut, wenn du es geschehen lässt. Nur wenn du deinen Verstand in die Gleichung miteinbeziehst, kreierst du Unfähigkeit. Der unglückselige Teil an dem Ganzen ist, dass du dem nicht vertraust, was du weißt. Du erkennst nicht, dass du als das unendliche Wesen, das zu bist, Zugang hast zu dem gesamten Wissen des Universums und dass du nichts bist als eine Pipeline für das Erwachen des kosmischen Bewusstseins. Die Realität ist, dass du in Angst lebst... die Angst vor dem Erfolg, die Angst vor deiner Macht und die Angst vor deinen Fähigkeiten. Und das gilt für euch alle. Unter dieser Angst liegt die Wut, intensive Wut und Zorn. Und auf wen seid Ihr so wütend? Auf euch selbst. Ihr seid wütend auf euch, weil Ihr gewählt habt, die begrenzten Wesen zu sein, die Ihr seid, nicht in der Größe der Göttlichen Kraft zu schreiten, die Ihr seid, sondern von der begrenzten Masse eures Körpers aus zu funktionieren, als ob er die Hülse der Existenz wäre. Dehnt euch aus und bewegt euch davon weg, indem Ihr keine Angst habt und nicht in der Wut seid, sondern in dem großartigen und herrlichen Wunder eurer Fähigkeit zur Kreation. Kreativität ist eine Vision. Hast du Visionen?

T: Ja.

R: Wissen als Gewahrsein. Wissen ist die Gewissheit, dass du mit deiner Macht verbunden bist. Hast du das?

T: Ja.

R: Und Kontrolle. Bist du gewillt, sie an die kosmischen Kräfte abzugeben?

T: Wenn ich lerne, wie das geht.

R: Du musst nicht lernen, wie das geht. Du musst "Ich bin Kontrolle" sein. Das, was du außerhalb von dir siehst, kannst du nicht haben. "Lernen, wie es geht" ist genau der Weg, mit dem Ihr Schwächung kreiert und gleichzeitig bringt Ihr in die Berechnung des Erreichens den Wertfaktor Zeit mit ein, als ob er wirklich existieren würde. Ihr wisst alles, was in der Zukunft sein wird und Ihr wisst alles, was in der Vergangenheit gewesen ist, genau jetzt. Es gibt keine Zeit, außer der, die Ihr kreiert. Wenn Ihr euch bewegen würdet, dann müsstet Ihr euch von der Ansicht "Ich bin Kontrolle" dorthin bewegen, wo Ihr es aufgebt, herausfinden zu müssen, wie Ihr von Punkt A nach Punkt B kommt, was gleichbedeutend wäre mit "wenn ich es lerne". Das wäre von Punkt A nach Punkt B zu gehen. Ihr versucht, den Prozess und das Schicksal des Selbst von der Verringerung aus zu kontrollieren. Von dort aus könnt Ihr das nicht erreichen. Versteht Ihr?

T: Ja.

R: Bist du gewillt, dir deine Wut anzuschauen?

T: Ja.

R: Also schau sie dir an. Wie fühlt sie sich an?

T: Falsch.

R: Und wo fühlst du sie? In welchem Teil deines Körpers?

T: In meiner Brust.

R: Nimm sie also jetzt und schiebe sie einen Meter vor dich, von deiner Brust ausgehend. Schiebe sie raus. Gut. Wie fühlt sich das jetzt an? Schwer oder leicht?

T: Es fühlt sich nicht sehr schwer an.

R: Aber sie ist einen Meter weg von dir, ja? Nun, das ist deine Wut. Ist sie real?

T: Ja.

R: Ist sie das? Interessante Ansicht. Sie ist nur eine interessante Ansicht, keine Realität. Du hast sie kreiert. Du bist der Kreateur all deiner Emotionen. Du bist der Kreateur deines ganzen Lebens. Du bist der Kreateur von allem, was dir geschieht. Du kreierst und wenn du Zeit in die Berechnung einfügst, dann tu das in zehn Sekunden Abschnitten. In Ordnung, wir werden dir hier jetzt eine Wahl geben. Du hast zehn Sekunden, um den Rest deines Lebens zu leben, oder du wirst von einem Tiger gefressen. Was wählst du?

T: (keine Antwort)

R: Deine Zeit ist vorbei, dein Leben ist vorbei. Du hast zehn Sekunden, um den Rest deines Lebens zu leben, was wählst du? Ein Seher zu sein, oder nicht? Du hast nicht gewählt, dein Leben ist vorbei. Du hast zehn Sekunden, den Rest deines Lebens zu leben, was wählst du?

T: Zu sein.

R: Ja, zu sein. Wähle etwas. Wie du wählst, so kreierst du dein Leben, also wähle, der Hellsichtige zu sein, der du bist, wähle, die Kristallkugel zu lesen, wähle in zehn Sekunden Abschnitten. Wenn du jetzt in deine Kugel blicken musst und du bekommst in diesen zehn Sekunden ein Bild, kannst du dann darüber sprechen, was dieses Bild besagt?

T: Ja.

R: Richtig, du kannst es. Nun, dieses Leben ist vorbei, du hast zehn Sekunden des Lebens, was wirst du wählen? Das Bild und die Kugel und das Sprechen, oder keine Wahl?

T: Das Bild und die Kugel.

R: Gut, also wähle es, wähle es jedes Mal. Alle zehn Sekunden wählst du neu, wählst neu und so gehst du weiter. Du kreierst dein Leben in zehn Sekunden Abschnitten. Wenn du es in irgendetwas anderem als zehn Sekunden Abschnitten kreierst, dann kreierst du in der Erwartung der Zukunft, die niemals kommt, oder von der Schwächung durch die Vergangenheit, basierend auf deiner Erfahrung mit der Vorstellung, dass es etwas Neues kreieren wird, wenn du deine gleiche Ansicht beibehältst. Ist es irgendein Wunder, dass dein Leben sich als immer wieder das gleiche zeigt? Du wählst nichts Neues, oder? Von Augenblick zu Augenblick wählst du "Ich habe nicht genug. Ich will nicht arbeiten."

Wir werden euch einige Wörter empfehlen, die Ihr aus eurem Vokabular <u>eliminieren</u> solltet. Es gibt fünf Wörter, die Ihr aus eurem Wortschatz streichen solltet. Erstens: Das Wort *wollen*. *Wollen* hat 27 Definitionen, die es gleichsetzen mit "mangeln." Seit Tausenden von Jahren kennt Ihr die englische Sprache, in denen das Wort *wollen* "mangeln" bedeutet hat und Ihr hattet schon jede Menge mehr Leben als nur dieses, in denen Ihr Englisch gesprochen habt. Und in diesem Leben, wie viele Jahre habt Ihr das Wort *wollen* verwendet und gedacht, dass Ihr einen Wunsch kreiert? Was habt Ihr in Wahrheit kreiert? Wollen, mangeln; Ihr habt Mangel kreiert. Also seid Ihr großartige und glorreiche Kreatuere, gratuliert euch.

T: (Lachen).

R: Zweitens: *brauchen*. Was ist Brauchen?

T: Mangel.

R: Dies ist die Abschwächung des Wissens, dass du nicht haben kannst, dass du nichts *haben* kannst, wenn du es brauchst. Und Brauchen wird immer gefolgt sein von Gier, denn du wirst versuchen, es zu bekommen.
Drittens: Wir kommen zu dem Wort *versuchen*. *Versuchen* bedeutet niemals erreichen, *versuchen* heißt, keine Wahl zu treffen, *versuchen* heißt, nichts zu tun. Viertens: Dann gibt es noch *warum*. Und *warum* ist immer die Weggabelung auf der Straße und du kommst dadurch immer zum Anfang zurück.

T: Das verstehe ich nicht.

R: Hör irgendwann mal einem Zweijährigen zu und du wirst es verstehen.

T: (Lachen). Du bekommst nie eine Antwort.

R: Fünftens: *Aber*. Jedes Mal, wenn du "aber" sagst, dann widersprichst du deiner ersten Behauptung. "Ich würde gern hingehen, aber ich kann es mir nicht leisten." In Ordnung, seid nicht Brauchen. Wenn Ihr sagt: "Ich brauche", dann sagt Ihr: "Ich habe nicht." "Ich will" bedeutet: "Mir mangelt es". "Ich versuche es" heißt: "Ich tue es nicht." "Ich, aber", haut euch lieber selbst auf den Hintern, hmm? Nächste Frage.

KAPITEL DREI

Welche drei Emotionen hast du, wenn du an Geld denkst?

Rasputin: In Ordnung, wer möche sich also freiwillig für die nächste Frage melden?

Teilnehmer: Nummer drei?

R: Nummer drei. Ja. Wie lautet die Frage?

T: Welche drei Emotionen habe ich in Bezug auf Geld?

R: Welche drei Emotionen, ja. Welche drei Emotionen hast du in Bezug auf Geld?

T: Hmmm…

R: Drei Emotionen, wenn du an Geld denkst.

T: Die erste, die hochkam, mochte ich nicht besonders, aber es war Angst.

R: Angst? In Ordnung. Nun, welche angenommene Ansicht müsstest du haben, um Angst in Bezug auf Geld zu haben?

T: Naja, ich interpretiere es als anders, auf eine andere Art, dass ich die Abwesenheit von Geld fürchte, was …

R: Ja. Das ist der Grund, weshalb die Emotion da ist, du fürchtest die Abwesenheit von Geld, denn die grundlegende Annahme ist …

T: Dass ich es brauche.

R: Schreib das auf.

T: Und zerreiße es.

R: Schreib es auf einen Zettel und zerreiße ihn.

T: Ich werde dir eine furchtbare Frage stellen.

R: Okay.

T: Okay, ich gehe in den Laden und die brauchen, wollen etwas, das ich ihnen dafür gebe, was ich von ihnen nehmen werde. (Lachen).

R: Wollen, wollen, was ist wollen?

T: (Lachen)

R: Sie haben einen Mangel, ja, *wollen* bedeutet mangeln. Das ist das andere schmutzige Wort, dass Ihr eliminieren müsst. Aber um was zu bekommen gehst du in den Laden?

T: Okay, Essen, Nahrungsmittel.

R: In Ordnung. Du gehst also wegen Nahrungsmittel in den Laden. Was lässt dich glauben, dass du Nahrungsmittel *brauchst*?

T: Du machst Witze. Naja, ich weiß, dass ich Nahrungsmittel *brauche*.

R: *Brauchen*? Schreib das Wort noch einmal auf.

T: *Wollen*.

R: Schreib auch das auf und wirf auch das weg. Brauchen und Wollen sind nicht gestattet.

T: Aber man wird hungrig.

R: Wirklich? Zieht Energie in euren Körper. Ihr alle, bringt Energie in ihn. Ja, fühlt Ihr euch hungrig? Nein. Warum esst Ihr nicht mehr Energie und weniger Nahrungsmittel?

T: Das wäre für eine Weile sehr gut, denn ich könnte ein paar Kilo weniger vertragen, aber irgendwann würde es anfangen, weh zu tun. (Lachen).

R: Exakt. Du bekommst genug Energie da hinein, du könntest ein riesiger Ballon sein.

T: Was ist mit meinen Freunden, die vorbei kommen, inklusive den beiden Leuten, die derzeit bei mir übernachten?

R: Wer hat gesagt, dass du sie füttern musst? Wie kommt es, dass nicht sie dir beitragen können?

T: Das tun sie.

R: Die Angst ist, dass du nicht empfangen wirst. Die Angst ist, dass Geld nur in eine Richtung funktioniert und zwar in die, die von dir weg führt. Jedes Mal, wenn du Angst fühlst, kreierst du *Brauchen* und *Gier*.

T: Okay.

T: *Brauchen* kommt wirklich von Angst, Sir?

R: Ja, von Angst. Angst bringt *Brauchen* und *Gier* ins Spiel.

T: Wirklich?

R: Ja.

T: Heiliger Strohsack, du hast recht. Ich glaube, ich habe gerade etwas Anderes realisiert, das ein grundlegendes Glaubenssystem ist oder zumindest eine nicht wirklich gute Sache.

R: Es ist nicht gut zu empfangen.

T: Es ist nicht gut, zu viel von etwas zu haben.

R: Es ist nicht gut zu empfangen.

T: Richtig. Oder von anderen zu empfangen.

R: Zu empfangen. Punkt.

T: Richtig.

R: Egal woher. Okay. Wenn Ihr Angst habt, seid Ihr nicht gewillt zu empfangen, denn Ihr glaubt, dass Ihr eine bodenlose Grube seid und Ihr in einem tiefen, dunklen Loch lebt. Angst ist immer das Loch in euch, die bodenlose Grube. Angst macht aus euch Brauchen und Gier und dabei werdet Ihr zu einem Arschloch. In Ordnung?

T: In Ordnung.

R: Nächste Emotion.

T: Der Sehnsucht nach mehr.

R: Sehnsucht, ah ja. Ah ja. Nun, Sehnsucht – was ist das? Geht Ihr raus und wackelt mit den Hüften, um mehr zu bekommen?

T: (Lachen) Ich wusste, dass Sehnsucht nicht unbedingt die größte Sache ist.

R: Sehnsucht bedeutet automatisch, dass du "mehr bekommen" innehast. Beachtet, "mehr bekommen" bedeutet Mangel, der mit Angst einhergeht.

T: Weißt du, nicht nur, um mehr Geld zu bekommen, sondern…

R: Mehr bekommen. Punkt. Geld hat nichts mit der Realität zu tun, die du gerade erfährst. Geld ist das Thema, um das herum Ihr eine Realität des Nichts kreiert, eine Realität von Nicht Genug, von Wollen, Brauchen, Sehnsucht und Gier. Und das ist für alle auf dieser Ebene das Gleiche. So hat diese Welt funktioniert.

Es gibt ein großartiges Beispiel dafür aus der Zeit, die Ihr eure 80er nennt und es war die Wahrheit dieser Welt, seit Ihr beschlossen habt, seit Ihr alle beschlossen habt, dass Geld eine Notwendigkeit ist. Eine Notwendigkeit. Was ist eine Notwendigkeit? Etwas, ohne das Ihr nicht auskommen und überleben könnt. Ihr als Wesen habt Millionen von Lebenszeiten überlebt und Ihr könnt euch nicht einmal daran erinnern, wie viel Geld Ihr hattet oder wie viel Geld Ihr ausgegeben habt oder wie Ihr das getan habt. Aber Ihr seid noch immer hier und Ihr überlebt noch immer. Und jeder einzelne von euch hat es geschafft, zu mehr Verständnis darüber zu gelangen.

Funktioniert nicht von der Annahme aus, dass Geld eine Notwendigkeit ist. Es ist keine Notwendigkeit. Es ist euer Atem, es ist das, was Ihr seid. Ihr in eurer Gesamtheit seid Geld. Und wenn Ihr euch als Geld fühlt und nicht als Notwendigkeit, nicht als Notwendigkeit, dann seid Ihr ausgedehnt. Und wenn Ihr euch in Bezug auf Geld als Notwendigkeit fühlt, dann macht Ihr das Selbst geringer und Ihr haltet den Fluss von Energie und Geld auf. Und deine dritte Emotion?

T: Glück.

R: Ah! Nun, Glück in welcher Hinsicht? Glück, wenn du es ausgibst? Glück, wenn du es in deiner Tasche hast? Glück, wenn du weißt, dass es kommt? Glück, weil es Geld ist? Kannst du dir einen Geldschein ansehen und Glück empfinden?

T: Nein.

R: Welcher Teil davon macht dich glücklich?

T: Das Wissen, dass damit gewisse Dinge erreicht oder getan werden können.

R: Also kann Geld Glück kaufen?

T: Naja, Ich habe das falsche Wort verwendet, ähm…

R: Wie entsteht Glück durch Geld?

T: Es ensteht gar nicht notwendigerweise durch Geld.

R: Wie also fühlst du Glück in Bezug auf Geld? Wenn du eine hinreichende Menge hast? Wenn du einen Überfluss davon hast? Wenn du Sicherheit fühlst?

T: Ja, Sicherheit.

R: Sicherheit. Interessante Ansicht.

T: Aber so etwas wie Sicherheit gibt es nicht.

R: Naja, es gibt sie. Es gibt Sicherheit. Es liegt Sicherheit in dem Wissen und dem Gewahrsein des Selbst. Das ist die einzige Sicherheit, die es gibt. Die einzige Sicherheit, die du garantieren kannst, ist die, dass du durch dieses Leben gehen wirst und dass du diesen Körper verlassen wirst und dass du die Gelegenheit haben wirst, wenn du das wünschst, zurückzukommen und noch einmal zu versuchen, eine reichere Kreatur auf dieser Welt zu sein. Aber Glück ist in dir, du hast Glück, du bist Glück, du bekommst Glück nicht von Geld. Um glücklich zu sein, musst du glücklich sein, das ist alles. Und du bist glücklich, außer wenn du wählst, traurig zu sein. Richtig?

T: Richtig.

R: Hat irgendjemand sonst Emotionen, über die er zu sprechen wünscht?

T: Naja, ich möchte einfach noch ein wenig mehr über Angst sprechen.

R: Ja.

T: Denn ich habe eine enorme Menge Energie in Bezug auf die Emotion Angst verwendet.

R: Ja.

T: Und hinter der Angst, unter der Angst ist immer Wut.

R: Ja, exakt. Und worüber bist du wahrhaftig wütend? Auf wen bist du wütend?

T: Auf mich selbst.

R: Exakt. Und worüber bist du wütend?

T: Die Leere zu fühlen.

R: Deine Macht nicht zu ergreifen.

T: Äh, äh...

R: Nicht du selbst in deiner Gesamtheit zu sein. Fühlst du das?

T: Ja, sehr.

R: Fühle in deinem Körper, wo du Angst hast und wo du wütend bist.

T: Ja.

R: Nun drehe die Richtung um und aus dir heraus. Wie fühlt es sich jetzt an?

T: Erleichterung.

R: Ja, und so wirst du Angst und Wut los, um Raum für dich zu schaffen. Denn wenn du dich selbst anschaust, dann gibt es da überhaupt keine Angst in deinem Universum, oder?

T: Nein.

R: Und die einzige Wut, die du ausdrücken kannst, ist die Wut auf andere, denn deine wahre Wut richtet sich gegen dich und darauf, wo du dich geweigert hast, die Wahrheit deiner Energie in der Gesamtheit aufzunehmen. Kannst du also die Macht sein, die du bist, die Energie, die du bist? Also lass es los, hör auf damit, es in dir festzuhalten. So, genau so. Oh, Erleichterung, hmm?

T: Ja.

R: Nun, du musst das üben, in Ordnung?

T: Ja.

R: Denn du hast dich selbst geringer gemacht, genau wie alle anderen in diesem Raum es getan haben. Fortwährend in all diesen Milliarden Jahren, in denen Ihr nicht Ihr selbst wart, in denen Ihr nicht Macht wart. Und Ihr habt es getan, um eure Wut zu unterdrücken. Interessant, hmm? Wut auf das Selbst. Und es gibt hier keinen Einzigen unter euch, der nicht wütend auf sich selbst ist, weil er sich nicht erlaubt hat, die Macht in der Totalität zu sein, die er ist. Tja, das hat ein bisschen Zeug aufgewühlt. In Ordnung, wünscht noch jemand über Emotionen zu sprechen?

T: Ich möchte noch einmal über Angst sprechen, von meinem Blickwinkel aus. Wenn ich Angst bekomme, dann ist das eine Beschränkung, eine Stilllegung.

R: Und wo fühlst du es?

S: In meinem Solarplexus.

R: Gut. Drehe sie heraus, drehe sie heraus. So, genau so. Wie sieht es jetzt aus?

T: Weinerlich.

R: Gut. Und was ist unter den Tränen?

T: Wut.

R: Wut. Ja, genau, das Ding, dass du da drinnen zu einem kleinen Knoten verschnürt hast. Du hast das gut versteckt, hmm? Du denkst: Die Wut bloß nicht rauslassen, sie bloß nicht vollständig rauslassen. Fühl die Wut, lass sie aus dir herauskommen. Ja so, das ist es. Und nun bemerke den Unterschied und die Ausdehnung. Fühlst du das?

T: Ja, das fühlt sich wirklich sehr gut an.

R: Ja, es fühlt sich sehr gut an. Es ist deine Wahrheit. Du dehnst dich aus, als wärst du außerhalb deines Körpers, als hättest du nicht im Geringsten die Fähigkeit, mit diesem Ort verbunden zu sein. Während du die Wut gehen lässt, fühle die Realität der Verbundenheit mit dem Selbst in der Totalität, nicht wie eine Art spiritueller Wesenheit, sondern als die Wahrheit des Selbst. Da ist eine Ruhe und ein Frieden, der über dich kommt, wenn du das in Wahrheit tust. Lass es heraus in Totalität. Genau so.

T: Das tue ich, ich habe es.

R: Du fühlst das Vertrauen in das, was du bist, und das ist Macht. Das Andere ist, sich davon zu entfernen.

T: Es ist, als ob ich in mich selbst käme.

R: Exakt. Es ist totale Verbundenheit, totales Bewusstsein, totales Gewahrsein und Kontrolle. Wie fühlt sich Kontrolle an diesem Ort an?

T: Es fühlt sich sehr viel anders an als die andere Art von Kontrolle.

R: Ja, das Andere ist der Versuch, deine Wut zu kontrollieren, oder nicht?

T: Tja, das nehme ich an.

R: Naja, letztendlich versuchst du, deine Wut zu kontrollieren, denn die Wahrheit ist, dass du dir selbst nicht erlaubst zu leuchten. Innen ist Frieden, Ruhe und Herrlichkeit. Aber all das stopfst du unter die Wut. Weil du denkst, dass deine Wut nicht angemessen ist, machst du dich geringer. Und du versuchst, sie zu kontrollieren und du kannst versuchen, alles um dich herum zu kontrollieren, um sie vor dir selbst zu verstecken. Auf wen du wütend bist, das ist das Selbst. Sei im Frieden mit dem Selbst. So, genau so. Fühlst du das?

T: Richtig.

R: Ja, das ist es. Und das bist du. Fühle, wie sich deine Energie ausdehnt.

T: Oh, das ist so anders.

R: Extrem anders. Ja, das ist es, das dynamische Du. Das ist es, was du wahrhaftig bist. In Ordnung.

T: Und es ist Schwärze und ich denke, ich habe eine Art von Kontrolle darüber und ich...

R: In Ordnung.

T: Ich weiß auch, dass ich da auch etwas außer Kontrolle habe in diesem Moment.

R: Wo also fühlst du die Schwärze?

T: Ich scheine zu denken, dass ich in sie hinein gehe, statt dass sie in mich kommt, ich bin nicht ganz sicher.

R: Wo fühlst du sie? Ist sie außerhalb von dir? Ist sie in dir? Schließ deine Augen, fühle die Schwärze. Wo fühlst du sie?

T: Ich denke im unteren Bereich meines Magens und dann lasse ich sie mich einhüllen.

R: Gut. Wie also denkst du, dass du fühlst? Es ist in deinem Verstand...

T: Okay, alles Denkbare.

R: ... wo du die Schwärze erfährst? Und es ist das Gefühl, dass da nichts ist außer Schwärze in Verbindung mit Geld und dass diese Schwärze irgendwie etwas mit dem Bösen zu tun hat und es zu empfangen ist daher absolut nicht erlaubt. Da, fühlst du die Verschiebung? Drehe die Schwärze um, ja, so. Mach sie weiß. Jetzt fühle, wie sich deine Krone öffnet. Und jetzt kann das, was du die Schwärze nennst, herausfließen. Und das, was die Realität von dir ist, ist präsent. Bemerke den Unterschied in deiner Energie. Du musst die Vorstellung loslassen, dass die Emotion des Bösen eine Realität ist, denn sie ist keine Realität. Es ist nur eine interessante Ansicht. In Ordnung? Noch irgendwelche Emotionen?

T: Ich denke, meine vorherrschende Emotion in Bezug auf Geld ist Ambivalenz.

R: Ambivalenz? Ambivalenz, ja. Was ist Ambivalenz? Wo fühlst du sie?

T: Ich fühle sie in meinem Solarplexus und in meinen unteren Chakren.

R: Ja, bei Ambivalenz geht es um das Nicht-Wissen auf dieser Ebene. Ein Gefühl, dass Geld zu etwas gehört, das du nicht verstehst. Fühlst du die Verschiebung in deinen unteren Chakren?

T: Ja.

R: Das ist das Resultat, wenn du dich mit der Tatsache verbindest, dass du Gewahrsein bist und als Gewahrsein bist du Geld und als Gewahrsein bist du auch Macht und alle Chakren sind verbunden in der Energie, die du bist. Also existiert Ambivalenz noch immer für dich?

T: Nein.

R: Gut. In Ordnung, noch irgendwelche Emotionen?
T: Ich habe eine.
R: Ja.
T: Ich fühle Widerwillen und Scham.
R: Sehr gute Emotionen, Widerwillen und Scham. Wo fühlst du das?
T: Ich denke, ich fühle das ...
R: Du denkst Gefühle?
T: Nein. In meinem Magen und meiner Lunge.
R: In deinem Magen und deiner Lunge. Also für dich ist Geld Atmen und Essen. Die Scham, schiebe sie heraus, bewege sie aus deinem Magen heraus. Ja, du fühlst das, fühlst du jetzt, wie sich die Energie deines Magenchakras öffnet?
T: Ja.
R: Gut. Und was war die andere Emotion?
S: Widerwillen.
R: Widerwillen. In deiner Lunge. Widerwillen, weil es bedeutet, du musst ersticken, um es zu bekommen. Du musst dich selbst ersticken, um Geld zu bekommen, deiner Ansicht nach. Ist das eine Realität?
T: Ja.
R: Tatsächlich?
T: Nein, nein, nein.
R: In Ordnung.
T: Ich erkenne, dass es das ist...
R: Wie du funktionierst?
T: Ja.
R: Gut. Also dreh diesen Atem um und atme all das aus. Gut, nun atme Geld ein und atme Scham aus. Und atme Geld durch jede Pore deines Körpers ein und atme Widerwillen aus. Nun, wie fühlt sich das an, ein wenig freier?
T: Ja.
R: Gut. Wünscht sonst noch jemand über eine Emotion zu sprechen?
T: Angst.
R: Angst, welche Emotionen noch?
T: Sorge und Erleichterung.
R: Geld verschafft dir Erleichterung?
T: Ja.
R: Wann?
T: Wenn es zu mir kommt.

R: Hm, interessante Ansicht. Sorge und Angst. Lasst uns diese beiden zuerst besprechen, denn sie sind dasselbe. Wo fühlst du Angst und Sorge? In welchem Teil deines Körpers?
T: In meinem Magen.
R: Magen. In Ordnung, drück das aus deinem Magen heraus, einen Meter vor dich. Wie sieht es für dich aus?
T: Schleimig und grün.
R: Schleimig?
T: Ja.
R: Ja. Was ist der Grund dafür, dass es schleimig und grün ist?
T: Weil ich es nicht kontrollieren kann.
R: Ah, interesante Ansicht, keine Kontrolle. Siehst du, du bist nicht "Ich bin Kontrolle", nicht wahr? Du sagst dir selbst: "Ich kann nicht kontrollieren, ich habe keine Kontrolle." Das ist die darunterliegende Annahme, aus der heraus du funktionierst. "Ich habe keine Kontrolle, ich bin nicht Kontrolle." Und hast du also ganz hervorragend Angst und Sorge kreiert?
T: Ja.
R: Gut, du bist ein großartiger und glorreicher Kreateur, gut gemacht! Gratulierst du dir selbst zu deiner Kreativität?
T: Voller Scham, ja.
R: Ah, interessante Ansicht. Weshalb voller Scham?
T: Weil ich es nicht besser wusste.
R: Ja, aber es kommt nicht darauf an, ob du es besser wusstest. Worauf es ankommt, ist, dass du jetzt verstehst, dass du ein Kreateur bist und dass du eine ausgezeichnete Arbeit beim Kreieren abgeliefert hast, was bedeutet, dass du etwas Anderes wählen und ein anderes Resultat kreieren kannst.
T: Dafür braucht man Disziplin.
R: Disziplin? Nein.
T: Dann braucht man Glück.
R: Nein, <u>Macht</u>! Du bist Energie als Macht. "Ich bin Macht. Ich bin Gewahrsein. Ich bin Kreativität. Ich bin Kontrolle. Ich bin Geld." Okay? So kreierst du Veränderung, indem du das "Ich bin" wirst, das du bist, statt des "Ich bin", das du bisher warst. Beginne, dir anzuschauen, wo du die Ansicht der Solidität in Bezug auf Geld kreiert hast und wie sich das anfühlt. Wenn du fühlst, dass sie eine Auswirkung auf einen Körperteil hat, dann schiebe sie aus dir heraus und frage dich selbst: "Was ist die darunterliegende Ansicht, aus der heraus ich funktioniere, die ich nicht einmal sehe?" Und erlaube dir, die Antwort zu

haben. Und dann erlaube, dass diese Antwort letztendlich ohnehin nur eine interessante Ansicht ist.

Und was kann ich jetzt wählen? Ich wähle: "Ich bin Kreativität. Ich bin Gewahrsein. Ich bin Kontrolle. Ich bin Macht. Ich bin Geld." Wenn du "Ich bin nicht" kreierst, wenn du "Ich kann nicht" kreierst, dann wirst du dazu nicht in der Lage sein. Und gratuliere dir auch dazu, was du kreiert hast und tue das mit großartigem und herrlichem Gusto. Es ist nichts falsch daran, was du gewählt hast. Tue es mit großartigem und herrlichem Gusto. Es ist nichts falsch daran, was du gewählt hast, ausgenommen deiner eigenen Bewertung davon. Wenn du eine Landstreicherin wärst, wäre das eine bessere Kreation oder eine schlechtere Kreation als das, was du derzeit hast?

T: Eine schlechtere.

R: Interessante Ansicht.

T: Nicht, wenn man es nicht wüsste.

R: Das ist richtig. Nicht, wenn du es nicht wüsstest. Jetzt, da du weißt, dass du die Wahl hast, kannst du kreieren. Was geschieht, wenn dein Nachbar dir sagt, dass du in dieser Woche nicht bezahlt wirst, denn "Ich werde dir all dein Geld wegnehmen für den Zaun, den du mir ruiniert hast"?

T: Interessante Ansicht.

R: Exakt, es ist eine interessante Ansicht. Das ist alles, was es ist. Wenn du Widerstand oder Reaktion darauf wirst, dann machst du sie zu einer Solidität und dein Nachbar wird dein Geld nehmen.

T: Also du sagst uns, dass wenn jemand uns etwas Negatives...

R: Jede Ansicht über Geld.

T: In Ordnung, das ist eine interessante Ansicht.

R: Ja, fühle deine Energie, wenn du das tust.

T: Okay und dann gehe ich direkt in die "Ich bin's"?

R: Ja.

T: Ich hab's kapiert. Mir ist ein Licht aufgegangen.

R: Und wenn du die Wirkung einer bestimmten Ansicht im Körper fühlst, eine Sorge oder eine Angst, was dann?

T: Dann musst du das aus dem Körper rausholen und von dir wegschieben.

R: Ja. Und wenn du Sorge oder Angst in deinem Magen fühlst, wirst du dann nicht reichlich genug gefüttert?

T: Nein.

R: Sprichst du davon, nicht genährt zu sein? Also worüber sprichst du? Du sprichst über den Körper. Du fühlst Geld als eine Körperfunktion, so als ob es eine dreidimensionale Realität wäre. Ist Geld eine dreidimensionale Realität?
T: Nein.
R: Nein, ist es nicht und doch versucht Ihr, es dazu zu machen. Schaut euch eure Ansichten über Geld an. Geld ist Sicherheit, ein Haus, es ist Rechnungen, es ist Essen, es ist Schutz, es ist Kleidung. Ist das wahr?
T: Naja, das kauft man damit.
R: Das ist das, was du damit kaufst, aber du tust das aus einer Wahl heraus, oder etwa nicht?
T: Oh, aus Notwendigkeit.
R: Das ist das, was Ihr in diesen zehn Sekunden wählt. Notwendigkeit, hmm? Interessante Ansicht. Wählst du die Kleidung, die du trägst, aus Notwendigkeit?
T: Ja.
R: Tust du das?
T: Ja.
R: Du wählst sie nicht, weil sie hübsch ist oder weil sie dich gut aussehen lässt?
T: Meistens ist sie dafür da, um mich warm zu halten.
R: Und was ist im Sommer, wenn du einen Bikini trägst?
T: Cool. Dann sehe ich gut aus. (Lachen).
R: Richtig. Also triffst du Wahlen nicht aus Notwendigkeit, sondern weil du fühlen möchtest, ja? Fühlen?
T: Ja, aber man braucht....
R: Aber! Wirf das Wort weg.
T: Ups. (Lachen). Du musst Schuhe haben und du musst immer noch...
R: Wie kommt es, dass du Schuhe haben musst, du könntest doch barfuß gehen.
T: Vielleicht kann ich das, aber ...
R: Sicher kannst du das.
T: Ich brauche sie, es ist kalt da draußen.
R: Brauchen, hmm?
T: Unterwäsche und Socken ...
R: Brauchen, hmm?
T: Man muss das haben.

R: Wer hat das gesagt? Woher weißt du, dass du nicht mit deinem Körper sprechen und ihn bitten kannst, dich zu wärmen?
T: Was ist dann mit …
R: Du, als Wesen, brauchst du überhaupt den Körper?
T: Na, das wäre cool.
R: Das ist cool.
Kurs: (Lachen).
R: Ja?
T: Na, man muss Essen haben, man trägt Schuhe.
R: Wir tragen gar nichts. Gary trägt Schuhe, aber nur weil er ein Feigling ist, er will ohne sie nicht im Schnee laufen.
Kurs: (Lachen).
R: Er denkt, dass es kalt ist.
T: Das ist es auch.
R: Tja, das ist eine interessante Ansicht. Du solltest nach Sibirien gehen, wenn du es kalt haben willst.
T: Und deine Kinder, wenn sie hungrig sind?
R: Wie oft waren deine Kinder schon hungrig?
T: Einige Male.
R: Und wie lange waren sie hungrig?
T: Über Nacht.
R: Und was hast du getan?
T: Ich habe Geld von meinem Vater bekommen.
R: Du hast es kreiert, oder nicht?
T: Ja.
R: Hast du dir selbst zu deinen kreativen Fähigkeiten gratuliert?
T: Naja, ich habe mich bei meinem Vater bedankt.
R: Nun ja, das ist eine Art zu kreieren. Kreieren, Kreativität ist das Gewahrsein des Selbst. Seid "Ich bin Kreativität", seid "Ich bin Gewahrsein", seid "Ich bin Macht", seid "Ich bin Kontrolle", seid "Ich bin Geld." Ihr seid im Widerstand. "Aber", "Brauchen", "Warum", "Du musst", "Es ist eine Notwendigkeit" sind alles Ansichten von "Ich kann nicht haben" und "Ich verdiene es nicht". Das sind die darunterliegenden Ansichten, aus denen heraus Ihr funktioniert. Dies sind die Ansichten, die euer Leben kreieren. Ist es das, von wo aus Ihr zu kreieren wünscht?
T: Nun, ich kann das in jedem einzelnen Aspekt bei Geld sehen.

R: Ja, weil du Geld als etwas Anderes siehst. Als was siehst du Geld – als Wurzel allen Übels?

S: Ja.

R: Wessen Ansicht ist das? In Wahrheit ist es nicht deine Ansicht, du hast sie abgekauft. Der Teufel hat mich dazu gebracht, hmm? Siehst du, es ist eine Realität, dass du Geld als etwas Anderes kreierst, als nicht Teil deiner Kreativität.

T: Wenn man sich selbst also die ganzen "Ich bins" vorsagt, dann verschafft einem das Geld?

R: Es beginnt, zu dir zu kommen. Jedes Mal, wenn du zweifelst, untergräbt das ein wenig das Fundament, das du kreierst. Lasst es uns so sagen: Wie oft hast du gesagt: "Ich will Geld"?

T: Jeden Tag.

R: Jeden Tag: „Ich will Geld." Damit sagst du: "Mir mangelt an Geld." Was hast du kreiert?

T: Aber es ist wahr.

R: Das ist wahr? Nein, es ist nur eine interessante Ansicht. Du hast genau das kreiert, was du gesagt hast: Ich will Geld. Nun, du hast es unbewusst getan, aber du hast es kreiert.

T: Und was wäre, wenn ich im Lotto gewinnen wollte?

R: Wenn dir "mangelt", im Lotto zu gewinnen, dann ist das exakt das, was du damit kreieren würdest – den Mangel daran, im Lotto zu gewinnen.

T: Die Macht der Vorstellung nennen wir das.

R: Die Macht eurer Worte, eures Gewahrseins kreiert die Realität eurer Welt. Möchtest du eine einfache Übung? Sag: "Ich will kein Geld."

T: Können wir nicht lieber etwas Anderes wählen?

R: Sag: "Ich will kein Geld."

T: Ich will kein Geld.

R: Sag: "Ich will kein Geld."

T: Ich will kein Geld.

R: Sag: "Ich will kein Geld."

T: Ich will kein Geld.

R: Sag: "Ich will kein Geld."

T: Ich will kein Geld. Das klingt negativ für mich.

R: Wirklich? "Mir mangelt nicht an Geld" ist negativ?

T: Aber wir wollen Geld.

R: Ihr wollt kein Geld! Das ist richtig. Ich will kein Geld. Fühl die Energie darin. Fühle, wie du fühlst, wenn du sagst: "Ich will kein Geld." *Wollen* bedeutet Mangeln. Du versuchst immer noch an der Definition festzuhalten. „Ich bin Geld." Du kannst nicht "Ich habe Geld" sein. Du kannst nicht etwas haben, was du nicht bist. Du bist bereits Kreativität als "Ich will Geld" und so hast du eine Fülle an Mangel kreiert, oder etwa nicht?
T: Ja.
R: Gut, kannst du also jetzt sagen: "Ich will kein Geld"?
T: "Ich will kein Geld." (Wiederholt es mehrmals)
R: Nun, fühle deine Energie, du bist leichter. Fühlst du das?
T: Ja, mir ist schwindlig.
R: Dir ist schwindlig, denn was du kreiert hast, ist ein Zusammenbruch der Struktur der Realität, wie du sie kreiert hast. Ihr alle habt das getan. Sagt es euch selbst und fühlt, wie Ihr leichter werdet und mehr Lachen in eurem Leben ist, wenn Ihr sagt: "Ich will kein Geld."
T: Kann man sagen: "Ich bin reich"?
R: Nein!! Was ist reich?
T: Glück.
R: Wirklich? Glaubst du, dass Donald Trump glücklich ist?
T: Nein, nicht reich an Geld.
T: Oh, als würde Geld kontrollieren, was wir müssen.
R: Das ist eine interessante Ansicht, wo hast du die her?
T: Weil …
R: Wo hast du diese Ansicht her?
T: Ich habe diese Vorstellung, weil ich gedacht habe….
R: Siehst du, es ist diese Denk-Sache, die dich in Schwierigkeiten bringt. (Lachen). Hat sich das gut angefühlt?
T: Nein.
R: Nein, es fühlt sich nicht gut an, es ist nicht wahr. Wenn du sagst: "Ich bin reich", fühlt sich das gut an?
T: Es würde sich gut anfühlen.
R: Oh, interessante Ansicht – es würde sich gut anfühlen? Woher weißt du das? Warst du schon einmal reich?
T: Naja, ich hatte Geld, als …
R: Warst du reich?
T: Nein.
R: Nein. Kannst du reich sein?

T: Ja.

R: Wirklich? Wie kannst du reich sein, wenn du nur sagen kannst: "Wenn ich wäre"? Sieh, du schaust in die Zukunft und auf eine Erwartung einer Zukunft und wie es sein sollte und du schaust dir nicht das an, was es ist.

T: Es ist, als ob du einen Chef hättest, der dich bezahlen wird und du musst tun, was er sagt und du musst …

R: Hast du einen Chef, der dich bezahlt?

T: Nicht im Moment, aber …

R: Das ist nicht wahr. Du hast eine Chefin, die dich bezahlt. Und sie bezahlt dich nicht besonders gut, denn sie nimmt überhaupt kein Geld für das, was sie tun kann. Du bist das, Schätzchen! Du bist deine Chefin. Kreiere dein Business, kreiere dein Leben und erlaube dem Geld, zu dir zu kommen. Du sorgst dafür, dass du weiter im kleinen Kämmerlein sitzt, wo du die ganze Zeit sagst: "Ich kann nicht, ich kann nicht, ich kann nicht." Wer kreiert diese Ansicht? Was geschieht, wenn du sagst: "Ich kann und ich verstehe" anstatt "Ich kann nicht und ich verstehe nicht"? Was geschieht mit deiner Energie? Fühl deine Energie.

T: Ich hänge einfach noch an dem Punkt fest, dass die Kinder ohne Geld nichts zu essen haben.

R: Wer hat gesagt, dass du kein Geld haben wirst? Du warst das, du hast angenommen, du würdest kein Geld haben, außer du würdest etwas tun, was du hasst. Wie oft siehst du Arbeit als Vergnügen?

T: Niemals.

R: Das ist die Ansicht, das ist die darunterliegende Ansicht. Und trotzdem sagst du, deine Arbeit sei die Arbeit mit der Kristallkugel. Und du siehst dich nie Vergnügen daran haben. Liebst du, was du tust?

S: Ja.

R: Wie kommt es dann, dass, wenn du das tust, was du liebst, du dir nicht erlauben kannst zu empfangen?

T: Ich weiß noch nicht genug, ich brauche mehr Informationen.

R: Du brauchst nicht mehr Informationen, dir stehen zehntausend vergangene Leben als Hellseherin zur Verfügung. Was hast du nun also übers Lernen zu sagen außer "Oh Scheiße"?

Kurs: (Lachen).

R: Erwischt, erwischt! Du kannst dich nirgendwo mehr verstecken.

T: Ich habe gesagt, was ich in der Kristallkugel gesehen habe und es hat nicht gestimmt und ich habe mich wie ein Arschloch gefühlt.

R: Ja. (Lachen) Woher weißt du, dass es nicht gestimmt hat?
T: Naja…….
R: Also?
S: Ich weiß nicht.
R: Nun, wird der Klient wieder kommen?
T: Ich weiß nicht.
R: Und wenn du für den nächsten Klienten in die Kugel schaust und du es richtig machst, wird er dann wieder kommen?
T: Ja, da muss ich Ja sagen.
R: Wie kommt es also, dass du sagst, du weißt es noch nicht? Wen lügst du an?
T: Was?
R: Wen lügst du an?
T: Es ist…
R: Wen lügst du an? Wen lügst du an?
T: Ich schwöre dir, ich weiß nicht, was ich sehe.
R: Das ist nicht wahr, das ist nicht wahr. Wie kommt es, dass du Klienten hast, die wieder kommen und die denken …..
T: Ich hatte recht.
R: Ja, du hattest recht. Was lässt dich denken, dass du nicht immer recht hast? Wie viele Klienten hast du, die nicht zu dir zurück kommen?
T: Keine.
R: Junge, das ist ein schwerer Fall, sie braucht jede Menge Überzeugungsarbeit, ist es nicht so? Sie wird definitiv sicherstellen, dass sie kein Geld und keine Fülle und keinen Wohlstand in ihrem Leben hat. Eine interessante Chefin hast du da. Nicht nur, dass du dich selbst nicht gut bezahlst, du erkennst nicht einmal an, dass du ausreichende Geschäfte machst. Da du ja Klienten kreiert hast, die immer wieder kommen, weißt du, dass du es gut machst. Weißt du, wie viel mehr Klienten du haben müsstest, damit du Fülle in deinem Leben hast?
T: Vielleicht dreißig mehr in der Woche.
R: Gut, kannst du also dreißig Leuten mehr pro Woche erlauben, in deinen Raum zu kommen?
T: Ja, kein Problem.
R: Kein Problem?
T: Kein Problem.
R: Bist du sicher?

T: Ja, darüber bin ich mir ganz sicher.

R: Gut, kannst du dir selbst also erlauben, hunderttausend Dollar zu haben? Eine Million Dollar?

T: Ja.

R: Zehn Millionen Dollar?

T: Ja.

R: Gut, du hast jetzt ein wenig verändert, vielen Dank. Wir alle sind dankbar dafür. Du bist ein Kreateur, ein großartiger und glorreicher Kreateur. Gratuliere dir selbst jedes Mal, wenn du eine Sitzung beendet hast, die dir gefallen hat. Und mach deine Arbeit aus der Liebe heraus. Sei nicht Arbeit, sei Vergnügen. Du hast Vergnügen an dem, was du tust, du hast keine Arbeit damit. Arbeit fühlt sich wie Scheiße an, Vergnügen ist Vergnügen und du kannst es ewig tun. Du kreierst, was es ist, niemand sonst. Du kannst tanken und Spaß haben, du kannst Fenster putzen und Spaß haben, du kannst Toiletten putzen und Spaß haben. Und du wirst dafür bezahlt werden und du wirst in großartigem und herrlichem Wohlstand sein. Aber nur, wenn du Vergnügen daran hast. Wenn du das Ganze als Arbeit siehst, dann hast du es bereits als etwas kreiert, das du hasst. Denn darum geht es hier auf dieser Ebene, Arbeit ist Härte, Schwierigkeit und Mühe. Interessante Ansicht, hmm?

T: Was, wenn man nicht weiß, was man tun will?

R: Aber du weißt es ja.

T: Schon, aber vorher wusste ich es nicht, ich wurde hingeführt.

R: Und wie wurdest du zu der Kristallkugel geführt? Du hast dir erlaubt, Intuition und Hellsichtigkeit zu verbinden und du hast den Kosmos gebeten, deiner Vision zu entsprechen und dir zu geben, was du dir wünschst. Du hast als Vision kreiert, du hattest die Macht deines Wesens, das Wissen als Gewahrsein, die Gewissheit, dass es geschehen würde und die Kontrolle, dem Universum zu erlauben, dir zu liefern. Also hast du bereits die vier Elemente, um "Ich bin Geld" zu sein. Verstanden?

KAPITEL VIER

Wie fühlt sich Geld für dich an?

Rasputin: Gut. Die nächste Frage also. Wer möchte sich freiwillig für die nächste Frage melden?
Teilnehmer: Ich.
R: Ja. Welches ist die nächste Frage?
T: Wie fühlt sich Geld für dich an?
R: Wie fühlt es sich an. Ja, das ist korrekt.
T: Dann ist das etwas Anderes als die Emotionen, die man in Bezug auf Geld hat?
R: Nun ja, nicht notwendigerweise.
T: Ich sagte dazu: "Oh, großartig."
R: Wie also fühlt sich Geld für dich an?
T: Im Moment fühlt es sich sehr verwirrend an.
R: Also verwirrend. Hast du das Gefühl, dass Geld, dass diese Verwirrung eine Emotion ist?
T: Eine Emotion und ein Gedanke.
R: Es ist ein Geisteszustand, ja.
T: Ja.
R: Nun, erinnerst du dich, als wir über das schwindlige Gefühl gesprochen haben?
T: Ja.
R: Hast du dein Kronenchakra geöffnet und erlaubt, dass es sich hinausbewegt? Verwirrung ist ein kreiertes Bild von Geld. Welche Vorstellung müsstest du haben, um diese Verwirrung zu haben? Du müsstest annehmen, dass du nicht weißt. Die Annahme wäre: "Ich weiß nicht und ich sollte wissen."
T: Das ist der Grund, weshalb ich mich verwirrt fühle.
R: Das ist richtig. Ich weiß nicht, ich sollte wissen. Dies sind einander entgegen gesetzte Ansichten, die Verwirrung kreieren und es sind nur interessante Ansichten. Fühlst du die Verlagerung, wenn du das über beide Ansichten sagst? Ich sollte wissen, ich weiß nicht. Interessante Ansicht, dass ich nicht weiß. Interessante Ansicht, dass ich wissen sollte. Interessante Ansicht, ich

weiß nicht. Interessante Ansicht, ich sollte wissen. Wie fühlt sich die Verwirrung jetzt an?

T: Naja, abgesehen von der Tatsache, dass ich...

R: Natürlich.

T: Für mich scheint es im Moment sehr unwirklich in dem Sinne, dass die Perspektiven für mich Geld und Energie sind, Macht und Kreativität in ihrer Reinheit. Das scheint sehr klar, wenn ich nicht mit Geld zu tun habe, wenn ich es nicht haben muss.

R: Was ist die Annahme, von der aus du funktionierst?

T: Dass es da eine Realität gibt, die ich nicht verstanden habe.

R: Genau das.

T: Das ist das wirkliche Problem.

R: Das ist nicht das Problem, das ist die Annahme, von der aus du funktionierst, die dir automatisch mitteilt, dass sie anders ist als die Realität von dir. Deine Annahme ist, dass die physische Realität nicht die gleiche ist wie die spirituelle Realität, wie die Realität, die du in Wahrheit bist, dass diese Reinheit auf dieser Ebene nicht existiert, dass du diese Reinheit niemals auf diese Ebene herein bringen kannst.

T: Das stimmt.

R: Dies sind Annahmen. Dies sind falsche Informationen, von denen ausgehend du deine Realität kreiert hast.

T: Naja und auch die Tatsache macht es verwirrend, dass es da andere Wesen zu geben scheint, die andere Realitäten haben und dass es für andere Leute keine Verwirrung zu geben scheint. Die Leute selbst, die Blickwinkel anderer Leute, die Leute in meiner Straße, die Leute im Laden.

R: Und um was geht es bei dem, worüber du sprichst? Dass es da andere Realitäten gibt? Dass andere Leute andere Realitäten haben? Ja, es gibt einige...

T: Von einer anderen Ansicht aus und dass...

R: Gibt es irgendjemanden hier, der sich nicht mit dem identifiziert, was sie gesagt hat? Sie alle haben die gleiche Ansicht wie du.

T: Du meinst, sie sind alle verwirrt?

R: Ja. Sie alle glauben, dass man das, was die spirituelle Realität ist, nicht in diese Realität, in die physische Realität bringen kann und jedermann auf der Straße hat exakt die gleiche Ansicht. Und nur diejenigen, die diese Ansicht nicht abkaufen, die nicht annehmen, dass es absolut unmöglich ist, sind in der Lage zu kreieren. Und auch sie sind nur in der Lage, ihre Realität im Kleinen zu kreieren. Wenn du dein Leben darauf fokussierst, Geld zu machen und dein einziges Ziel im Leben ist, Donald Trump oder Bill Gates zu sein, wer ist völlig egal, es ist derselbe Ausdruck, dieselbe Person, ein anderer Körper, dieselbe Person... Ihr Leben dreht sich darum, Geld zu machen, bei allem, was sie tun, geht es um Geld. Warum müssen sie so viel Geld machen? Weil sie sicher sind, genau wie du, dass sie nächste Woche kein Geld mehr haben werden.

T: Es ist nicht nur ein Spiel für sie?

R: Nein, es ist nicht nur ein Spiel für sie. Sie funktionieren von der Ansicht heraus, dass es nicht genug gibt und dass sie niemals genug haben werden, ganz gleich, was sie tun. Es ist einfach nur ein anderer Standard, das ist alles.

T: Du willst sagen, dass diese Leute durch ihr Vermögen nicht eine gewisse Freiheit empfinden?

R: Du glaubst, dass Donald Trump Freiheit hat?

T: In einem gewissen Maße schon.

R: Wirklich? Er kann in einer Limousine fahren, verschafft ihm das Freiheit? Oder bedeutet das, dass er Body Guards haben muss, die ihn vor all den Leuten schützen müssen, die versuchen, von ihm Geld zu nehmen? Gibt es ihm Freiheit, 27 Leute zu haben, die jeden Tag versuchen, von ihm Geld zu bekommen?

T: Es verschafft einem die Illusion von Freiheit.

R: Nein. Es verschafft dir die Illusion, dass das Freiheit sei. Du denkst nur, dass das Freiheit ist, weil du es nicht hast. Er ist kein bisschen freier als du, er hat nur mehr Geld, das er für Dinge ausgeben kann, die er nicht braucht. Du denkst, es macht ihn zu einem größeren Geist, weil er mehr Geld hat?

T: Nein, sicherlich nicht.

R: Macht es ihn zu einem geringeren Geist?

T: Nein.

R: Oh, interessante Ansicht, die Ihr Leute habt. (Lachen) Ihr habt es alle gedacht, Ihr hattet einfach nicht die Nerven, es auszusprechen: "Naja, das macht ihn schlechter, weil er mehr Geld hat."

T: Ja, du hast recht.

R: Ja, das ist es, was Ihr denkt. Ihr habt es nicht gesagt, aber gedacht.

T: Naja, es bringt einige Leute dazu, alles um ihn herum zu kontrollieren.

R: Wirklich? Ja, er ist kontrollierend, er kontrolliert die Sonne, den Mond, die Sterne, er hat totale Kontrolle über all diese Dinge.

T: Aber kontrollierende Leute sind nicht...

R: Oh, kontrollierende Leute. Das ist also dein Standard von Großartigkeit.

T: Das ist nicht mein Standard, nein, nein, nein. Das ist nicht mein Standard. Wir sprechen über Gates und seine Errungenschaften und über Trump und seine Errungenschaften, um den Grad seiner Kontrolle festzustellen.

R: Ist er Kontrolle, Wahrheit?

T: Nein. Ich …

R: Oder wird er kontrolliert durch sein Verlangen nach Geld? Sein Leben ist total eingeschränkt durch die Notwendigkeit, mehr und mehr und mehr Geld zu kreieren. Denn das ist die einzige Art und Weise, auf die er sich angemessen fühlt.

T: Aber ich denke auch, dass er die Energie, die er nach außen bringt, um zu absorbieren …

R: Okay, du hast hier noch ein Wort, das du aus deinem persönlichen Wortschatz eliminieren wirst.

T: Was?

R: Aber.

T: Aber?

R: Aber. Jedes Mal, wenn dir jemand etwas sagt, holst du ein "Aber" heraus. (Lachen).

T: Das stimmt für…

R: Das stimmt für viele von euch, für die meisten von euch. Wenn man euch eine Information gibt, dann beginnt Ihr sofort eine gegensätzliche Ansicht zu kreieren, denn die Information ist nicht in Ausrichtung oder Übereinstimmung mit euch. Sie ist nicht mit euch in Ausrichtung oder Übereinstimmung, da ist euer Widerstand dagegen, ihr zu erlauben zu sein, oder Ihr seid in Reaktion darauf. Letztendlich ist es nur eine interessante Ansicht, dass dieser Mann vom Geld regiert wird.

T: Das ist es, was ich sagen wollte, aber ich …

R: Nein, du hast eine andere Ansicht als eine interessante Ansicht, das ist alles.

T: Ja, das lerne ich gerade.

R: Es hat keinerlei Wert. Jedes Mal, wenn du eine Betrachtung in Bezug auf Geld kreierst, kreierst du eine Begrenzung, die du dir selbst auferlegst. Dir selbst! Und jedes Mal, wenn du einem anderen deine Ansicht erklärst, erlegst du demjenigen eine Begrenzung auf. Du möchtest Freiheit kreieren? Dann sei Freiheit. Freiheit ist nicht im Geringsten eine Betrachtungsweise!!

Wie würde die Welt aussehen, wenn du alles aus Licht manifestiertest mit Leichtigkeit und Freude und Herrlichkeit ohne jegliche Betrachtung von

Begrenzung? Wenn du unbegrenzte Gedanken hättest und unbegrenzte Fähigkeiten und unbegrenztes Erlauben, gäbe es dann Graffiti, gäbe es Obdachlose, gäbe es Krieg, gäbe es Vernichtung, gäbe es Blizzards?

T: Also wo ist der Unterschied? Gäbe es kein Wetter mehr?

R: Wenn du keine Sichtweisen in Bezug auf Blizzards hättest, dann gäbe es Wetter, es müsste keine Schneestürme geben. Hör deinem Fernseher zu, wenn Schnee in deiner Region vorausgesagt wird. Ja, sie manifestieren ihn, sie reden immer weiter darüber, wie stark der Sturm sein wird. Der Sturm von 1996, der zweite Sturm von 1996, der wird ein großer und glorreicher Blizzard werden und er wird Zerstörung bringen und du solltest besser in den Supermarkt gehen und sofort mehr Vorräte einkaufen. Wie viele von euch kaufen diese Ansicht ab und beginnen, ihr Leben da heraus zu kreieren?

T: Nicht das Einkaufen, ich könnte den Nachmittag im Park verbringen.

R: Du hast die Ansicht abgekauft, das ist es, worüber wir sprechen. Du hast sofort entschieden, dass es wahr ist. Hört nicht auf eure Fernseher, werdet sie los. Oder seht euch nur die Sendungen an, die total hirnlos sind. (Lachen) Schaut euch "Scooby Doo" an. (Lachen) Schaut euch die Comics an und habt mehr interessante Ansichten in Bezug auf diese. Ihr hört euch die Nachrichten an, werdet sehr deprimiert und Ihr werdet viele Vorstellungen darüber haben, was Geld ist.

In Ordnung, also wo waren wir? Okay, lasst uns dahin zurückgehen. Verwirrung, verstehst du die Verwirrung jetzt?

T: Nein.

R: In Ordnung. Was wünscht du noch in Bezug darauf zu verstehen? Du kreierst die Verwirrung.

T: Wer bin ich? Bin ich ein Körper? Bist du hier? Ist irgendjemand sonst noch hier? Gibt es eine Realität? Gibt es irgendeinen Unterschied? Was zum Teufel ist Existenz? Bist du oder ist alles reine Energie und es gibt keine Trennung zwischen Geist und Seele und Bewusstsein, ist das alles, ist es das, ist es das, ist es das? Es gibt nichts über irgendetwas zu sagen, also all das Leid und all der Kummer und all die Illusion und all die Trennung und all die Verwirrung, naja, was ist das? Was?

R: Kreation.

T: Richtig.

R: Du hast es kreiert....

T: Also auf dieser Ebene kreieren wir etwas, was die Menschen, die eine Kreation sind, und das Ego, das eine Kreation ist, als etwas ansehen, das Geld und Ort genannt wird, was eine Kreation ist, was bedeutet, wenn wir in der Wall Street wären oder wenn wir die amerikanische Geschichte von 1996 in New York City machen würden, dass wir dann übereinstimmten, dass du und diese anderen Leute zusammen ko-existierten. Das verstehe ich nicht.

R: Warum verstehst du nicht?

T: Alle anderen sind du und du bist alle anderen. Das ist etwas... Ich verstehe es nicht.

R: Du kreierst dich selbst als getrennt, du kreierst dich selbst als anders, du kreierst dich selbst als schwach und du kreierst dich selbst als Wut.

T: Ich bin so frustriert.

R: Ja, aber darunter ist in Wirklichkeit Wut.

T: Oh, ja.

R: Weil du dich machtlos fühlst, das ist die grundlegende Ansicht, von der aus du funktionierst und das ist immer die grundlegende Ansicht der Verwirrung. Jede Verwirrung basiert auf der Vorstellung, dass du keine Macht hast und keine Fähigkeit.

T : Aber das habe ich ja auch nicht.

R: Doch.

T: Ich fühle, dass ich das nicht habe.

R: Sieh dir dein Leben an. Sieh dir dein Leben an, was du kreiert hast. Hast du mit einer herrlichen Summe Geldes begonnen? Hast du in einem Palast gelebt und alles verloren? Oder hast du kreiert und kreiert und bist dann in Verwirrung darüber geraten und in Zweifel und in das Gefühl von Machtlosigkeit in Bezug darauf, was du tun oder wissen solltest, um es zu kontrollieren? Und dann hat es angefangen, von dir wegzubröckeln, denn du hast Verwirrung kreiert und du hast Zweifel an dir selbst kreiert.

Ja, so ist dein Leben verlaufen, aber nichts davon ist deine Wahrheit. Du, als Wesen, hast totale Macht, dein Leben zu kreieren und du kannst es und du wirst es und alles wird sich zusammenfügen auf herrlicheren Wegen, als du dir jemals vorstellen kannst. Aber es wird kommen, weil du Vertrauen hast und das gilt für alle von euch. Vertrauen in euch selbst, Vertrauen in das Wissen, dass Ihr die Realität kreiert habt, die jetzt existiert, und in das Gewahrsein, dass Ihr gewillt seid, sie zu verändern, und dass Ihr euch nicht wünscht, das noch länger zu sein. Das ist alles, was es braucht. Die Bereitschaft, der Realität zu erlauben, anders zu sein.

T: Wenn das Leben sich also verändert, heißt das dann, dass es das verwirrte Bewusstsein ist, das mehr Bosnien und Obdachlose kreiert? Wohin geht das

Bewusstsein und die dunklen Wesenheiten, die ich vielleicht kreiert habe oder irgendein anderer Teil von mir, der so getrennt ist von den Dingen, die im Fernsehen gezeigt werden? Oder der Obdachlose, wo geht das alles hin, wenn ich sage: "Naja, das ist nicht meine Realität, ich glaube nicht daran, ich wähle das nicht mehr."?

R: Das ist nicht das Thema. Siehst du, du tust das aus einem Widerstand heraus.

T: Richtig.

R: Richtig? Damit Veränderung geschieht, musst du aus dem Erlauben heraus funktionieren, nicht aus Widerstand, nicht aus Reaktion, nicht aus Ausrichtung oder Übereinstimmung heraus. Erlauben ist …..

T: Ich bin gewillt, es zu erlauben. Ich möchte einfach nur verstehen…

R: Du funktionierst aus Widerstand, denn du versuchst, aus etwas heraus zu verstehen, was nicht wirklich existiert. Die anderen Leute, in ihrem eigenen freien Willen und ihrer Wahl, kreieren auch aus etwas heraus, das nicht wirklich existiert, eine fortdauernde Akzeptanz, Ausrichtung oder Übereinstimmung, Reaktion oder Widerstand.

Das sind die funktionellen Elemente eurer Welt. Um das zu verändern, müsst Ihr aus dem Erlauben heraus funktionieren. Und jedes Mal, wenn Ihr im Erlauben seid, verändert Ihr alle um euch herum. Jedes Mal, wenn jemand mit einer starken Ansicht zu euch kommt und Ihr sagen könnt: "Ah, interessante Ansicht" und sie erlauben könnt, habt Ihr das Bewusstsein der Welt verändert. Denn du hast die Ansicht nicht abgekauft, du hast sie nicht solider gemacht, du hast ihr nicht zugestimmt, du warst nicht im Widerstand, du hast nicht auf sie reagiert, du hast sie nicht zu einer Realität gemacht. Du hast der Realität erlaubt, sich zu verändern. Nur das Erlauben kreiert Veränderung. Du musst gleichermaßen in Erlaubnis für dich und für andere sein, sonst hast du den Laden gekauft und zahlst dafür mit deiner Kreditkarte.

T: Wird das dann totaler Pazifismus für die Welt sein?

R: Absolut nicht. Lasst uns Folgendes machen: Denkt alle mal eine Minute darüber nach. T, du wirst das Versuchskaninchen sein, okay? Du hast noch zehn Sekunden zu leben, was wählst du? Dein Leben ist vorbei, du hast keine Wahl getroffen. Du hast noch zehn Sekunden zu leben, was wählst du?

T: Ich wähle, nicht zu wählen.

R: Du wählst, nicht zu wählen, aber sieh mal, du kannst alles wählen. Wenn du anfängst zu realisieren, dass du nur zehn Sekunden hast, aus denen heraus du kreieren kannst. Zehn Sekunden ist alles, was es braucht, um Realität zu kreieren. Zehn Sekunden. Im Vertrauen gesagt sind es weniger, aber für jetzt ist das der Zeitabschnitt, aus dem heraus du funktionieren musst. Wenn du aus den zehn Sekunden heraus funktionieren würdest, würdest du dann Freude oder Traurigkeit wählen?

T: Ich müsste Traurigkeit nehmen.

R: Exakt. Siehst du, du hast deine Realität aus der Wahl von Traurigkeit heraus kreiert. Und wenn du aus der Vergangenheit heraus wählst oder aus der Erwartung der Zukunft heraus, hast du gar keine Wahl getroffen, du hast nicht gelebt und du lebst dein Leben nicht, du existierst als eine monumentale, monolithische Begrenzung. Interessante Ansicht, hmm?

T: Ja.

R: Okay, was also ist deine nächste Antwort? Nummer zwei auf deiner Liste … Was war die Frage, wir haben es vergessen.

T: Wie fühlt sich Geld für dich an?

R: Wie fühlt sich Geld für dich an, ja, danke.

T: Für mich läuft es auf dieser Ebene wohl auf den Kampf im Gefängnis hinaus…

R: Ah, ja. Sehr interessante Ansicht, hmm? Geld fühlt sich an wie Kampf im Gefängnis. Tja, das beschreibt sicherlich alle in diesem Raum. Gibt es jemanden, der dies nicht als die Realität davon ansieht, was er kreiert hat?

T: Kampf im Gefängnis?

R: Ja.

T: Ich nicht.

R: Du siehst das nicht so?

T: Ein wenig. Tatsächlich verstehe ich nicht, was das bedeutet.

R: Du kämpfst nicht ununterbrochen darum, Geld zu bekommen?

T: Oh, okay.

R: Und du hast nicht das Gefühl, dass es ein Gefängnis ist, nicht genug zu haben?

T: Ich gebe auf. (Lachen)

R: Gut.

T: Wir müssen alle in einer ähnlichen Realität sein.

R: Ihr lebt alle die gleiche Realität. Müssen wir dazu überhaupt noch einen Kommentar abgeben?

T: Ja. Wie ist es mit T, mit seinem Tauschsystem?

R: Nun ja, ist das nicht ein kleines Gefängnis ganz eigener Art?

T: Ich weiß nicht genau, wie geht es dir damit, T?

T: Ja, ist es.

R: Ja, das ist es. Ihr seht, jeder hat seine eigene Ansicht. Du schaust dir T an und siehst seine Realität als Freiheit, aber er sieht Donald Trump als Freiheit. (Lachen)

T: Okay, du fragst, ob wir da überhaupt noch darüber sprechen müssen. Na ja, wie passt das zusammen?

R: Erlaubnis. Interessante Ansicht, hmm? Dass ich mich durch Geld wie im Gefängnis fühle, dass es sich wie ein Gefängnis für mich anfühlt. Fühlt sich Geld wie Samt für euch an? Fühlt es sich für euch nach Ausdehung an? Nein. Es fühlt sich an wie eine Verringerung. Ist das eine Realität oder ist es das, was Ihr gewählt habt und wie Ihr gewählt habt, euer Leben zu kreieren? Es ist, wie Ihr gewählt habt, euer Leben zu kreieren. Es ist nicht realer als die Wände. Aber Ihr habt entschieden, dass sie solide sind und dass sie die Kälte draußen halten. Und so funktionieren sie. Und so erschafft Ihr auch eure Begrenzungen in Bezug auf Geld mit der gleichen Art von Solidität. Beginnt aus Erlaubnis heraus zu funktionieren, dass ist euer Ticket aus der Falle, die Ihr kreiert habt. In Ordnung? Nächste Frage.

KAPITEL FÜNF

Wie sieht Geld für dich aus?

Rasputin: Okay, nächste Frage: Wie sieht Geld für dich aus?
Teilnehmer: Grün und Gold und Silber.
R: Also hat es Farbe, hat es Konformität, hat es Solidität. Ist das seine Wahrheit?
T: Nein.
R: Nein, Geld ist nur Energie, das ist alles, was es ist. Die Form, die es im physischen Universum annimmt, hast du zu einer Signifikanz rund um das Geld gemacht und zu einer Solidität und so kreierst du eine Soilidität deiner eigenen Welt, was eine Unfähigkeit kreiert, es zu haben. Wenn es nur Gold oder Silber ist, das du siehst, dann solltest du besser viele Ketten um deinen Hals tragen. Wenn es grün ist, hast du dann Geld, wenn du grüne Kleidung trägst?
T: Nein.
R: Nein. Und so ist es, wie du Geld sehen musst. Nicht als eine Form, sondern als ein Gewahrsein von Energie, denn dies ist die Leichtigkeit, von der aus du die Gesamtheit davon im Überfluss kreieren kannst.
T: Wie sieht man Energie?
R: Geradeso, wie du sie gefühlt hast, als du sie in jede Pore deines Körpers gezogen hast. Das ist es, wie man Energie sieht. Du siehst Energie mit dem Empfinden des Gewahrseins. Okay?
T: Ja.
R: Nächste Frage.

KAPITEL SECHS

Wie schmeckt Geld für dich?

Rasputin: Nun zur nächsten Frage. Was ist die nächste Frage?
Teilnehmer: Wie schmeckt es?
R: Gut. Wer wünscht, dies zu beantworten? Das sollte lustig werden.
T: Geld schmeckt wie reichhaltige dunkle Schokolade.
R: Ähm, interessante Ansicht, hmm? (Lachen)
T: Papier, Tinte und Schmutz.
R: Papier, Tinte und Schmutz. Interessante Ansicht.
T: Schmutzige Augenbinde.
T: Meine Geschmacksknospen im Mund fangen an, Speichel zu produzieren.
R: Ja.
T: Süß und wässrig.
T: Glitschiger Dreck und Murmeln und Pfirsichbäume.
R: Gut. In Ordnung. Es schmeckt also sehr interessant für euch Leute, hmm? Beachtet, dass Geld für euch interessanter schmeckt, als es sich anfühlt. Es gibt mehr Variationen. Weshalb, glaub Ihr, ist das so? Weil Ihr es als körperliche Funktion kreiert habt. Für T geht es beim Geld ums Essen, ums Schokolade Essen. Ja, Ihr seht, jeder hat eine Ansicht darüber, wie Geld nach irgendetwas schmeckt. Es ist glitschig, interessant, flutscht leicht um deine Zunge, hmm? Lässt es sich leicht schlucken?
T: Nein.
R: Interessante Ansicht. Warum lässt es sich nicht leicht schlucken?
T: Es bleibt stecken.
R: Interessante Ansicht, hart, klobig, knusprig. Wirklich interessante Ansichten, die Ihr über Geld habt.
T: Aber es ist immer die gleiche Ansicht.
R: Es ist immer die gleiche Ansicht, es geht um den Körper.
T: Obwohl es unterschiedlich zu sein scheint, sie ….
R: Obwohl sie unterschiedlich zu sein scheinen.
T: … Sie hat Schokolade gesagt und ich bitter, aber es ist das Gleiche.
R: Es ist das Gleiche, es geht um den Körper, es hat mit eurem Körper zu tun.
T: Das Schmecken hat damit zu tun.
R: Wirklich?

T: Ja.

R: Du kannst keinen Geschmack durch den Körper haben?

T: Nicht bei einem englischen Sandwich.

R: Aber Geld, der Punkt war, dass Ihr Geld als eine Körperfunktion seht. Ihr seht es als eine dreidimensionale Realität, nicht als eine Realität der Kreation. Ihr seht es als etwas Solides und Reales und Substantielles, als etwas, das Geschmack hat und Form und Struktur. Und deswegen ist da eine bestimmte Einstellung, die damit einhergeht. Aber wenn Geld Energie ist, ist es Helligkeit und Leichtigkeit. Wenn Geld Körper ist, dann ist es schwer und signifikant. Und als schwer und signifikant habt Ihr es kreiert, oder etwa nicht?

T: Ja.

R: Ist es nicht das, woher all eure Ansichten kommen?

T: Also als du nach dem Geschmack gefragt hast, sind wir wieder in die Annahmen gegangen.

R: Annahmen. Ihr habt sofort angenommen, dass es Körper ist, das worin Ihr lebt, von wo aus Ihr funktioniert. Wisst Ihr, es ist glitschig, es ist schmutzig, es ist alles Mögliche, es ist von Bakterien verseucht. Was für eine interessante Ansicht über Geld.

T: Manchmal ist es warm und kühl.

R: Warm und kühl? Ist es das wirklich?

T: Da ist noch etwas Anderes, es hat diesen Vertrauensfaktor dahinter, wie eine Goldwährung…

R: Das ist eine Ansicht, eine Betrachtungsweise, die du abgekauft hast. Ist es eine Realität? Nicht mehr!! (Lachen) Ist da irgendetwas hinter dem Geld? Nimm einen Dollarschein in die Hand, was siehst du dahinter?

T: Luft.

R: Nichts, Luft! Viel Luft, das ist alles dahinter. (Lachen)

T: Jede Menge heiße Luft.

R: Jede Menge heiße Luft, exakt. (Lachen). Und wenn Ihr den Leuten zuhört, wenn sie über Geld sprechen, kreieren sie es dann als heiße Luft, sprechen sie davon, als wenn es heiße Luft wäre? Ja, aber wie kreieren sie es? Es ist sehr signifikant und schwer und massig, oder nicht? Es lastet auf euch wie eine Tonne Ziegelsteine. Ist das Realität? Ist es das, wie Ihr wünscht, Geld für euch zu kreieren? Gut. Beginnt also, es euch anzuschauen, es zu fühlen. Fühlt es jedes Mal, wenn eine Betrachtungsweise in Bezug auf Geld zu euch dringt. Dies ist eure Hausaufgabe, zusammen mit all den anderen Dingen. Jedes Mal, wenn Ihr die Energie einer Betrachtungsweise, einer Vorstellung, eines Glaubens, einer Entscheidung oder Haltung in Bezug auf Geld fühlt, fühlt, wo es euch in eurem Körper trifft. Fühlt die Schwere und verändert es zu leicht. Macht es leicht, es ist nur eine interessante Ansicht.

Es ist nur eine interessante Ansicht, das ist alles, was es ist, es ist keine Realität. Aber sehr schnell werdet Ihr sehen, wie euer Leben die Geldflüsse darin kreiert hat aus eurem eigenen Willen heraus, eurer Teilnahme am Abkaufen der Ansichten aller anderen. Wo seid Ihr in dieser Gestaltung? Ihr seid weg, Ihr habt euch geringer gemacht, Ihr habt euch selbst verschwinden lassen und Ihr seid zu einem Lakai geworden, einem Sklaven dessen, was Ihr Geld nennt. Es ist nicht wahrer als die Luft, die Ihr atmet. Es ist nicht signifikanter als Luft zu holen. Und es ist nicht signifikanter als die Blumen zu sehen. Blumen machen euch Freude, stimmts? Ihr schaut euch Blumen an und das macht euch Freude. Wenn Ihr euch Geld anschaut, was bekommt Ihr dann? Depression. Es ist nicht so viel davon da, wie ich mir gewünscht habe. Niemals seid Ihr dankbar für das Geld, das Ihr habt, oder?

T: Nein.

R: Ihr bekommt hundert Dollar und sagt: "Oh, das reicht für eine Rechnung, die ich bezahlen muss. Verdammt, ich wünschte, ich hätte mehr." (Lachen), anstatt zu sagen: "Whoa, hab ich da etwas Gutes manifestiert oder was?" Ihr feiert nicht, was Ihr kreiert, Ihr sagt: "Ups, wieder nicht genug gemacht." Was sagt das aus? Wie manifestiert sich das in eurem Leben? Wenn Ihr euch den Geldschein anschaut, wenn Ihr einen Geldschein auf der Straße findet, dann hebt Ihr ihn auf, steckt ihn ein und denkt: "Oh, heute habe ich Glück." Denkt Ihr etwa: "Junge, habe ich das großartig manifestiert, habe ich nicht großartig ein paar Geldflüsse für mich kreiert?"? Nein, weil es keine zehntausend Dollar waren, die Ihr zu brauchen glaubt. Da ist dieses Wort *brauchen* schon wieder.

T: Wie schmeckt Geld?

R: Wie schmeckt es?

T: Schmutzig.

R: Schmutzig? Kein Wunder, dass du kein Geld hast. (Lachen)

T: Süß.

R: Süß. Du hast mehr Geld.

T: Gut.

R: Gut, es schmeckt gut, du bekommst auch ein bisschen mehr Geld in deinen Sparstrumpf.

T: Wie Wasser.

R: Wie Wasser, läuft ziemlich schnell, wie Wasser, hmm? (Lachen). Direkt durch deine Blase. Welche anderen Ansichten? Keine? Niemand hat irgendwelche anderen Ansichten über Geld?
T: Eklig.
R: Eklig. Wann hast du Geld zum letzten Mal geschmeckt?
T: Als Kind.
R: Richtig, weil man dir als kleines Kind gesagt hat, dass Geld schmutzig ist und du es nicht in den Mund stecken sollst. Weil du die Ansicht abgekauft hast, dass Geld eklig ist. Du hast die Ansicht abgekauft, dass es keine Tugend ist und dass es keine Energie ist, sondern dass es etwas ist, das man meiden muss, weil es eklig ist, weil es dir nicht als eine Tugend vorkam. Und du hast das abgekauft, als du sehr klein warst und du hast diese Ansicht für immer behalten. Kannst du jetzt etwas Anderes wählen?
T: Ja.
R: Gut. Erlaube dir selbst, die Realität zu haben, dass es nur eine interessante Ansicht ist. Wie auch immer Geld schmeckt. Es ist keine Solidität, es ist eine Energie und auch du bist Energie. In Ordnung? Hast du deine Welt um die Ansichten herum kreiert, die du über Geld hast? Ist es schmutzig? Ist es eklig? Hast du eine begrenzte Menge davon, weil du nicht gern eine schmutzige Person sein möchtest? Manchmal macht es mehr Spaß, schmutzig zu sein, in meinem Leben war es jedenfalls so. (Lachen)

KAPITEL SIEBEN

Wenn du Geld auf dich zukommen siehst, aus welcher Richtung fühlst du es kommen?

Rasputin: Okay. Und nun die nächste Frage. Was ist die nächste Frage?
Teilnehmer: Aus welcher Richtung siehst du Geld kommen?
R: Gut. Aus welche Richtung siehst du Geld kommen?
T: Von vorne.
R: Von vorne. Es ist immer in der Zukunft, hmm? Du wirst es irgendwann in der Zukunft haben, du wirst irgendwann sehr reich sein. Wir alle wissen das.
T: Aber manchmal sehe ich es aus dem Nirgendwo kommen.
R: Aus dem Nirgendwo ist ein besserer Ort, aber nirgendwo, wo ist nirgendwo? Aus dem Überall ist ein besserer Ort, von dem aus es kommen sollte.
T: Wie ist es mit von überall außer von oben?
R: Nun ja, warum begrenzt du es?
T: Ich weiß, darüber habe ich noch nie nachgedacht.
R: Du hast nie gedacht, dass es okay ist, dass der Regen kommt als ….
T: Nein, Regen habe ich gesehen, aber ich habe nicht gedacht, dass Geld aus der Erde kommt. Dein eigener Geldbaum.
R: Ja, lass Geld überall für dich wachsen. Geld kann von überall herkommen, Geld ist immer da. Nun fühlt die Energie in diesem Raum.
Ihr beginnt, als Geld zu kreieren. Fühlt Ihr den Unterschied in euren Energien?
Kurs: Ja.
R: Ja, von wo seht Ihr es kommen?
T: Von meinem Mann.
Kurs: (Lachen)
R: Meinem Mann, von wo noch?
T: Karriere.
R: Karriere, harte Arbeit. Von welchen Ansichten sprichst du hier? Wenn du nach Geld bei einer anderen Person suchst, wo ist diese Person? Vor dir, neben dir, hinter dir?
T: Hinter mir.
R: Wenn es dein Ex-Mann ist.
S: Das ist er.

R: Ja, du schaust also in die Vergangenheit, damit du von ihm dein Leben bekommst. Ist es das, von wo aus du kreierst?
T: Nein, aber ich denke…..
R: Ja, okay. Du lügst. Also zuerst einmal, nimm all die Orte in diesem Raum und ziehe Energie von diesem Raum durch deine Vorderseite in dich, durch jede Pore deines Körpers, ziehe Energie in jede Pore deines Körpers. Gut. Und jetzt ziehe sie herein durch deine Rückseite, durch jede Pore deines Körpers. Gut. Und jetzt ziehe sie in dich von der Seite, durch jede Pore deines Körpers. Und jetzt ziehe sie von unten in dich hinein, durch jede Pore deines Körpers. Und jetzt ziehe sie von oben in dich hinein, durch jede Pore deines Körpers. Und nun kommt Energie von überall her und Geld ist nichts als eine andere Form von Energie und jetzt wandle die Energie in Geld um, das aus allen Richtungen durch jede Pore deines Körpers in dich herein kommt.

Beachtet, dass Ihr es solider gemacht habt, die meisten von euch. Macht es leicht, macht es wieder zu Energie, die Ihr empfangt. Und nun macht sie zu Geld. Gut, das ist besser, das ist es, wie Ihr Geld werdet, Ihr lasst es durch jede Pore eures Körpers fließen. Seht es nicht von anderen Leuten kommen, Ihr seht es nicht aus einem anderen Raum kommen, Ihr seht es nicht von der Arbeit kommen. Ihr erlaubt, dass es herein fließt. Und jetzt haltet den Fluss an in jedem Teil eures Körpers. Und nun möchten wir, dass Ihr die Energie durch eure Vorderseite herausfließen lasst, so viel Ihr nur könnt. Lasst sie herausfließen, herausfließen, herausfließen. Verringert sich eure Energie? Nein, das tut sie nicht. Fühlt, wie die Energie von hinten in euch fließt, während Ihr sie nach vorne herausfließen lasst.

Energie hört nie auf, sie fließt immer weiter. Und so ist es mit Geld. Und jetzt zieht Energie in jede Pore eures Körpers von überall her. Gut. Genau so. Und nun beachtet, dass sie auch von überall herausfließt, während Ihr sie hineinzieht, sie stagniert nicht. Und nun verwandelt die Energie in Geld und Ihr werdet anfangen zu sehen, wie Geld überall um euch herum fliegt. Ja, es geht hinein und hinaus und um euch herum und durch euch durch. Es bewegt sich immer weiter, es ist Energie – wie Ihr selbst. Es ist du. Du bist es. So, genau so.

In Ordnung. Und nun beendet das Fließen. Nun lasst Geld fließen, Hunderte von Dollars, lasst es zu jedem anderen im Raum fließen, der vor euch ist. Lasst es heraus fließen, gewaltige Mengen Geld. Seht, wie sie gewaltige Summen Geld bekommen, lasst es herausfließen, lasst es herausfließen, lasst es herausfließen, lasst es herausfließen. Beachtet, dass Ihr noch immer Energie von hinter euch zieht und wenn Ihr es erlaubt, kommt ebenso viel Energie von hinten, wie Ihr nach vorne fließen lasst und Ihr tut das immer noch als Geld. Dies verschafft euch eine Vorstellung? Wenn Ihr denkt, dass Ihr nicht genug Geld habt, um eine Rechnung zu bezahlen, und dass es schwierig ist, das Geld herausfließen zu lassen, dann ist das deswegen, weil Ihr eure Rückseite verschlossen habt und Ihr nicht gewillt seid, es zu empfangen. Geld fließt herein, so wie es heraus fließt. Und wenn Ihr es mit eurer Ansicht blockiert, dass es morgen nicht mehr genug davon geben wird, dann habt Ihr eine Behinderung in euch selbst kreiert. Und es gibt keine Behinderung außer denen, die Ihr persönlich kreiert. Okay, hat das jeder verstanden? Nächste Frage.

KAPITEL ACHT

In Bezug auf Geld, hast du das Gefühl, dass du mehr hast als du brauchst oder weniger als du brauchst?

Rasputin: In Ordnung. Nächste Frage.
Teilnehmer: In Bezug auf Geld, was für ein Gefühl habe ich: "Ich habe mehr als ich brauche oder weniger als ich brauche"?
R: Ja. In Bezug auf Geld, hast du das Gefühl, dass du mehr hast als du brauchst oder weniger als du brauchst?
T: Weniger.
T: Ich muss sagen weniger.
T: Jeder hat weniger gesagt.
R: Nun ja, das war zu erwarten, hmm? Da ist kein Einziger unter euch, der glaubt, genug zu haben. Und weil Ihr das immer als ein <u>Brauchen</u> seht, was werdet Ihr da kreieren? Brauchen, nicht genug.
T: Aber wir müssen doch morgen unsere Rechnungen bezahlen?
R: Ja, seht Ihr, euch geht es immer darum, wie Ihr eure Rechnungen morgen bezahlen könnt, exakt so ist es, vielen Dank. Es geht immer darum, wie Ihr diese Sache morgen bezahlen sollt. Und heute? Habt Ihr heute genug? Ja!
T: Bin ich okay?
R: "Ich bin okay." Wer sagt das? Interessante Ansicht, die du da hast, ich bin okay. Ich bin großartig, ich bin herrlich und jetzt kreierst du mehr.
Mein Geld ist wundersam, ich liebe so viel Geld, ich kann so viel haben, wie ich mir ersehne. Erlaubt, dass es zu euch kommt. Seid dankbar für die Tatsache, dass Ihr es heute habt. Macht euch keine Sorgen wegen morgen, morgen ist ein neuer Tag, Ihr manifestiert neue Dinge. Gelegenheiten ergeben sich für dich, richtig?
Nun das Mantra: "Alles im Leben kommt zu mir mit Leichtigkeit und Freude und Herrlichkeit." (Der Kurs wiederholt das Mantra einige Male) Gut, fühlt jetzt die Energie, sie ist nicht die gleiche wie bei "Ich bin Macht. Ich bin Gewahrsein. Ich bin Kontrolle. Ich bin Kreativität. Ich bin Geld."
T: Und Liebe?
R: Und Liebe. Aber Ihr seid immer Liebe, Ihr wart immer Liebe und Ihr werdet immer Liebe sein. Das ist unbestritten.
T: Warum ist es das?

R: Warum es unbestritten ist? Wie glaubt Ihr, habt Ihr euch von Beginn an selbst kreiert? Aus Liebe heraus. Ihr seid an diesen Ort mit Liebe gekommen. Die Einzigen, denen Ihr nicht mit Leichtigkeit Liebe schenkt, seid Ihr selbst. Seid so liebevoll zu euch selbst und Ihr seid Geld und Ihr seid Freude und Ihr seid Leichtigkeit.

KAPITEL NEUN

In Bezug auf Geld, wenn du deine Augen schließt, welche Farbe hat es und wie viele Dimensionen?

Rasputin: In Bezug auf Geld, wenn Ihr eure Augen schließt, welche Farbe hat es? Und wie viele Dimensionen hat es? Irgendjemand…

Teilnehmer: Blau, drei Dimensionen.

R: Blau und drei Dimensionen, hmm.

T: Multidimensional?

T: Grün und zwei.

T: Grün und drei.

R: Interessant, dass es für die meisten von euch nur zwei Dimensionen sind. Einige von euch hatten multidimensional. Einige von euch haben drei gesagt.

T: Ich hatte weiten, offenen Raum.

R: Weiter, offener Raum ist ein wenig besser. Im weiten, offenen Raum ist es, wo Geld sein sollte. Fühlt die Energie darin. Dann kann Geld von überall herkommen, oder nicht? Und es ist überall. Wenn Ihr Geld als weiten, offenen Raum seht, dann ist da keine Knappheit, nicht wahr? Dann gibt es keine Verringerung, es hat keine Form, es hat keine Struktur, es hat keine Signifikanz.

T: Und keine Farbe?

R: Und keine Farbe. Okay, Ihr habt die US-Dollars vor Augen, wie ist es mit Gold? Ist Gold grün und hat drei Seiten? Nein. Und wie ist es mit Silber? Naja, das ist manchmal irgendwie regenbogenfarben, aber sogar das ist nicht genug. Und ist es flüssig? Ihr habt flüssige Farben?

T: Nein.

R: Wie ist es mit dem Mann im Laden? Nun ja, in welcher Art und Weise würdet Ihr gern mit ihm sprechen? Ihr geht in den Laden, um einzukaufen? Welche Annahme….

T: Es ist teuer.

R: Ja. Geld ist weiter, offener Raum, aber Ihr… Wir sprechen davon, dass Ihr euch selbst erlaubt, so viel Geld hereinkommen zu lassen, dass Ihr nie darüber nachdenken müsst. Denkt niemals über Geld nach. Wenn Ihr in den Laden geht, schaut Ihr euch dann den Preis jeder einzelnen Sache an, die Ihr kauft, und zählt alles zusammen, um zu wissen, wie viel zusammen kommt, damit Ihr wisst, ob Ihr genug Geld habt, um es dafür ausgeben zu können?

T: Manchmal habe ich Angst, meine Kreditkartenrechnungen zu öffnen.

R: Exakt. Öffne diese Rechungen nicht, wenn du nicht zu wissen wünschst, wie viel Geld du schuldest. (Lachen) Denn du weißt, dass du nicht genug Geld hast, die Rechnungen zu bezahlen. Automatisch hast du genau das angenommen.

T: Also will ich sie mir einfach nicht anschauen.

R: Du willst nicht?

T: Sie mir anschauen.

R: Schreib es auf, schreib es auf.

T: Wollen, wollen, wollen.

R: Wollen, wollen. Schreib es auf, zerreiß den Zettel. Kein *Wollen* mehr, kein *Brauchen* mehr. Ist nicht erlaubt. Okay?

KAPITEL ZEHN

In Bezug auf Geld, was ist einfacher, der Zustrom oder der Abfluss?

Rasputin: In Ordnung. Nun die nächste Frage.
Teilnehmer: In Bezug auf Geld was ist einfacher, der Zustrom oder das Abfließen?
R: Gibt es hier jemanden, der gesagt hat, dass der Zustrom einfacher ist?
T: Wenn ja, dann haben sie gelogen. (Lachen) Ich weiß, dass ich es nicht gesagt habe.
R: Richtig. Wenn man die Tatsache in Betracht zieht, dass du dir deine Kreditkartenschulden nicht anschaust, dann wäre das definitiv nicht die Wahrheit.
T: Ich bin nicht sicher, welches von beiden.
R: Ich bin nicht sicher. Interessante Ansicht, hmm? Okay. Also für euch alle ist die Vorstellung, dass Geld abfließt, meist die signifikanteste Ansicht, an der Ihr festhaltet. Es ist so leicht, Geld auszugeben, es ist so hart zu arbeiten. Ich muss hart arbeiten, um Geld zu verdienen. Interessante Ansicht, hmm? Nun, wer kreiert diese Ansichten? Ihr tut das!!

Also fühlt das Geld. Fühlt, wie Energie in euren Körper kommt. In Ordnung, sie kommt von überall her. Fühlt, wie sie in euch hinein fließt. Okay, lasst jetzt die Energie nach vorne und aus euch herausfließen. Fühlt, wie sie von hinten in euch hereinfließt und erlaubt dem Fluss, ausgeglichen zu sein. Jetzt fühlt Hunderte von Dollars aus euch nach vorne herausfließen und Hunderte von Dollars von hinten in euch hereinfließen. Gut. Fühlt Tausende von Dollars aus euch nach vorne herausfließen und Tausende von Dollars von hinten in euch hereinfließen. Beachtet, wie die meisten von euch dabei ein wenig solider werden. Werdet lockerer, es ist nur Geld. Es ist nicht signifikant und Ihr müsst es in diesem Moment nicht einmal aus eurer Tasche holen. Und nun lasst Millionen von Dollars nach vorne aus euch herausfließen und lasst Millionen von Dollars von hinten in euch hineinfließen. Bemerkt Ihr, dass es einfacher ist, Millionen Dollars fließen zu lassen als Tausende von Dollars? Denn Ihr habt eine Signifikanz in Bezug darauf kreiert, wie viel Geld Ihr haben könnt und wenn Ihr bei Millionen angelangt seid, ist keine Signifikanz mehr übrig.

T: Warum?

R: Weil Ihr nicht glaubt, dass Ihr eine Million haben werdet, also ist es nicht relevant. (Lachen)

T: Also ich hatte mehr Probleme, das Geld von hinten zu mir kommen zu lassen. Vielleicht denke ich, dass ich eine Million haben werde.

R: Vielleicht. Aber du bist definitiv eher gewillt, dein Geld hinaus fließen zu lassen, als du gewillt bist, es herein fließen zu lassen. Das ist eine andere interessante Ansicht, hmm? Ist die Energie, die hinaus fließt, gleich der Energie, die herein fließt? Ja, ungefähr. Aber es gibt keine Begrenzung für Energie und es gibt keine Begrenzung für Geld außer der, die Ihr selbst kreiert. Ihr seid zuständig für euer Leben. Ihr kreiert es durch eure Wahlen und eure unbewussten Gedanken, eure angenommenen Ansichten, gegen die Ihr euch wehrt. Und Ihr tut das durch euer Denken, dass Ihr nicht Macht seid, dass Ihr keine Macht habt und dass Ihr nicht die Energie sein könnt, die Ihr seid.

KAPITEL ELF

Was sind deine drei schwierigsten Probleme mit Geld?

Rasputin: Nun, welche ist die nächste Frage?
Teilnehmer: Was sind deine drei schwierigsten Probleme mit Geld?
R: Oh, das ist eine gute Frage. Wer wünscht, sich dafür freiwillig zu melden?
T: Ich.
R: In Ordnung, hier drüben, ja.
T: Ich habe sehr viel Angst, kein Geld zu haben.
R: Ah ja, wir haben über Angst gesprochen, okay? Müssen wir uns also noch länger damit befassen? Seid Ihr euch alle darüber mittlerweile im Klaren? Okay, der Nächste.
T: Ich möchte viele Sachen kaufen.
R: Ah, interessante Ansicht, viele Sachen kaufen. Was bekommst du, wenn du viele Dinge kaufst? (Lachen). Viel zu tun, sich um viel kümmern müssen, du füllst dein Leben mit vielen Dingen. Wie leicht fühlst du dich?
T: Beladen und dann stelle ich fest, dass ich die Dinge weggebe an Nachbarn, zu Geburtstagen ….
R: Ja. Worin liegt also der Wert, viele Dinge zu kaufen?
T: Es ist in meinem Blut.
R: Wie kommt es also, dass das eine deiner Betrachtungsweisen ist?
T: Weil es mich stört.
R: Es stört dich, dass du kaufst?
T: Ja.
R: Gut. Wie also kommst du über den Wunsch zu kaufen hinweg? Indem du Macht bist, Gewahrsein bist, indem du Kontrolle und Kreativität bist. Und wenn du zu dem Punkt kommst, an dem du das Bedürfnis zu kaufen verspürst, dann deshalb, weil du annimmst, dass du nicht genug Energie hast. Bring Energie in dich. Wenn du die Kaufgewohnheit durchbrechen willst, gib einem Obdachlosen auf der Straße Geld oder gib es für einen wohltätigen Zweck aus oder schenke es einem Freund. Denn was du getan hast, ist Folgendes: Du hast entschieden, dass du zu viel hereinkommendes Geld hast. Und so musst du

deiner Ansicht nach sicherstellen, dass du den Fluss ausgleichst. Du siehst, wie du das machst?

S: Ja, ich habe tatsächlich zu viel Zustrom.

R: Ja. Kann es also zu viel Zustrom geben als Gegenstück zum Abfließen? Nein, das ist eine kreierte Realität. Und worin du existierst und was du annimmst, ist der Gedanke, dass du nicht spirituell bist, dass du nicht mit deiner Gotteskraft verbunden bist, wenn du zu viel davon hast. In Wahrheit ist es nicht von Bedeutung. Was von Bedeutung ist, sind die Wahlen, die du triffst in Bezug darauf, wie du dein Leben kreierst. Wenn du als Energie kreierst, wenn du als Macht kreierst, wenn du als Gewahrsein kreierst und wenn du als Kontrolle kreierst, wirst du Freude in deinem Leben haben, was genau das ist, was du vor allem zu erreichen versuchst. Leichtigkeit und Freude und Herrlichkeit ist das, was du dir ersehnst. Das ist es, hinter dem du her bist. Und das ist es, was du erreichen wirst, wenn du den Anweisungen folgst, die wir dir heute Abend gegeben haben. Okay. Nun, haben wir alle Fragen abgedeckt?

T: Noch eines, die gleiche Sache: Wenn ich Geld habe und ich das Gefühl bekomme, jemand anderer hat kein Geld und deswegen sollte ich ihm welches geben, dann habe ich wieder nicht so viel oder ich mache mir Sorgen deswegen.

R: Wie wäre es also, wenn du dem Betreffenden Energie geben würdest?

T: Ich sollte ihm Energie statt Geld geben?

R: Ja, es ist das Gleiche.

T: Wenn also dieser Bettler in der U-Bahn ist, dann gebe ich ihm einfach ……(Lachen)

R: Tja, du gibst ihm einfach…..

T: Er bittet mich um einen Dollar und ich gebe ihm einfach…..

R: Hast du heute Abend hier nicht Energie eingeatmet?

T: Doch.

R: Hast du nicht Energie gegessen, um dich aufzufüllen? Was ist der Sinn und Zweck von Essen? Energie zu bekommen. Was ist der Zweck von Geld? Energie zu haben. Was ist der Zweck des Atmens? Energie zu haben. Da gibt es überhaupt keinen Unterschied.

T: Es scheint aber ganz sicher etwas Anderes zu sein.

R: Nur weil du entscheidest, dass es etwas Anderes ist und du es als etwas Anderes kreierst.

T: Das stimmt.

R: Und wenn du von dieser Annahme ausgehst, dann beginnst du, von dieser Position aus zu kreieren, was Mangel an Geld und Mangel an Energie kreiert.
T: Aber es scheint mir einfach nicht richtig, denn es scheint, als würde ein Teil von mir annehmen, dass ich eben ein menschliches Wesen bin, das...
R: Tja, genau das ist schon einmal eine schlechte Annahme.
T: Naja, ich lebe in der menschlichen Gesellschaft mit solchen Kreationen wie Brot, Wasser, Zeit, Regierung .....
R: Also kreierst du dich selbst als einen Körper.
T: Ich kreiere mich selbst als T in New York City im Jahr 1996, ja.
R: Du kreierst dich selbst als einen Körper. Ist es das, wo du wahrhaftig zu sein wünschst? Bist du dort glücklich?
T: Naja...
R: Nein!
T: Als ich aus meinem Körper heraus war, gab es andere Orte, die viel schlimmer zu sein schienen, also sah das hier wie ein gute Haltestelle aus, um zu sehen, wie ich dieses Problem lösen konnte. Währenddessen war es ziemlich schlimm ...
R: Richtig. Aber du kreierst die Realitäten durch deine eigene Ansicht, egal wo du bist.
T: Mir scheint es nicht so. Es scheint, als ob andere mit mir oder für mich kreieren würden, über mich hinweg. Ich glaube nicht, dass ich das total so sagen könnte. Ich glaube nicht. Vielleicht, aber ich glaube nicht.
R: Du kontrollierst nicht, was wir sagen?
T: Was du sagst. Ich meine, du und ich, wir sind irgendwie verbunden....
R: Ja.
T: ....und wir alle sind verbunden, aber.........und........das Paradox ist, dass du du bist und darüber wundere ich mich nicht, du bist ein spirituelles Wesen.
R: Genau wie du.
T: Und du bist T (ein anderer Teilnehmer) und du bist T (ein anderer Teilnehmer) und wir teilen alle hier ein wenig Realität miteinander. Wir sind alle im Jahr 1996 hier in New York oder etwa nicht? Aber ich bin irgendwie in dir. Ich denke nicht, dass ich du bin.
R: Das ist richtig, davon haben wir gesprochen, Ihr sollt nicht denken. Jedes Mal, wenn Ihr denkt ....
T: Habe ich ein Problem.
R: Hast du ein Problem.
T: Du hast es verstanden. (Lachen)

R: Also wirf es weg, dein Gehirn, es ist ein nutzloses Stück Schrott.

T: Und spring einfach vom Dach.

R: Und spring vom Dach und beginne zu schweben als das Wesen, das du bist. Das bist du, wenn du dein Gehirn wegwirfst und den Gedankenprozess aufhältst. Jeder Gedanke hat eine elektrische Komponente in sich, der deine Realität kreiert. Jedes Mal, wenn du denkst: "Ich bin das", "Ich bin ein Körper", dann ist das genau das, was du wirst. Du bist nicht T, du bist ein Anschein von T in diesem Moment, aber du warst Millionen von anderen Leben und Millionen von anderen Identitäten. Und genau jetzt bist du all das noch immer. Dein Bewusstsein, die größte Portion davon deiner Ansicht nach, ist genau jetzt genau hier. Auch das ist keine Realität. Wenn du dich von dem Gedanken löst, dass deine Realität in diesem Moment mit deinem gesamten Bewusstsein kreiert wird, und du zu sehen beginnst, wo du andere Vorstellungen bekommen hast, andere Ansichten und anderer Leute Haltungen, Glaubenssätze, Entscheidungen und Ideen, dann wirst du anfangen, dich mit all diesen anderen Dimensionen zu verbinden, die dir eine großartigere Realität auf dieser Ebene bescheren können als alles, was du jetzt mit diesem Gedankenprozess zu kreieren versuchst. Und das ist der Ort, an den du wahrhaftig gehen möchtest.

Denken steht dem Leben im Weg, denn es ist kein kreativer Prozess, es ist eine Falle. Nächste Frage.

KAPITEL ZWÖLF

Wovon hast du mehr, Geld oder Schulden?

Rasputin: Nächste Frage.
Teilnehmer: Wovon hast du mehr, Geld oder Schulden?
R: Wovon hast du mehr?
T: Schulden.
T: Schulden.
R: Schulden, Schulden, Schulden, Schulden. Interessant, jeder hat Schulden. Warum ist das so? Warum ist das so, dass Ihr Schulden habt? Fühlt das Wort *Schulden*.
T: Oh, das ist schwer.
T: Ja.
R: Es fühlt sich an wie eine Tonne Ziegelsteine. Wir geben euch also einen kleinen Hinweis, wie Ihr das auflockern könnt. Denn das sitzt mit einer solchen Schwere auf euch, dass Ihr die Ansicht abkauft, dass die Schulden das Signifikanteste in Bezug auf euch ist, oder etwa nicht? Denn es ist schwer, denn es ist signifikant, denn es ist solide. Ihr baut mehr und mehr darauf auf, weil Ihr die Vorstellung abkauft, dass es okay ist, Schulden zu machen. Ihr kauft die Vorstellung ab, dass man Schulden haben sollte und dass man sowieso nicht genug Geld haben kann, ohne Schulden zu machen. Ist das real?
T: Ah, aha.
R: Interessante Ansicht. Ist sie real?
T: Ja, das habe ich immer gedacht.
R: Gut. Denkst du das noch immer?
T: Nein.
R: Gut. Okay. Wie wirst du also deine Rechnungen und Schulden los? Indem du vergangene Ausgaben abbezahlst. Kannst du vergangene Ausgaben solide machen? Fühlt es, fühlt es sich wie Schulden an?
T: Da liegt keine Bewertung drauf.
R: Keine Bewertung, exakt. Und trotzdem bewertest du dich selbst auf eine sehr signifikante Weise wegen deiner Schulden, oder etwa nicht? Und wenn du dich selbst bewertest, wer ist das, der dich tritt?
T: Ich mich selbst.

R: Richtig. Weshalb also bist du wütend auf dich selbst, dass du Schulden kreierst? Du bist ein großartiger und glorreicher Kreateur von Schulden. Du bist ein Kreateur. Du hast herrliche Schulden kreiert oder hast du das etwa nicht?

T: Oh, ja.

R: Sehr herrliche Schulden. Junge, bin ich gut im Kreieren von Schulden! Sieh also den glorreichen Kreateur, der du als Schulden bist. Sei der glorreiche Kreateur, der du bist, um deine vergangenen Ausgaben abzubezahlen. Fühle die Leichtigkeit der vergangenen Ausgaben. Auf diese Weise kreierst du eine Veränderung in deinem Bewusstsein. Leichtigkeit ist das Werkzeug. Wenn du Leichtigkeit bist, wenn du als Geld leicht bist, kreierst du eine Verlagerung und eine Veränderung in deinem Bewusstsein und in allen anderen um dich herum. Und du kreierst eine dynamische Energie, die anfängt, die Gesamtheit deiner Umgebung und des Ortes, an dem du lebst, zu verändern und die Art und Weise, wie du Geld empfängst und wie es zu dir gelangt und wie alles in deinem Leben funktioniert. Aber sei dir gewiss, dass du ein großartiger und glorreicher Kreateur bist und dass alles, was du in der Vergangenheit kreiert hast, genau das ist, was du gesagt hast, dass es ist. Und das, was du in der Zukunft kreieren wirst, wird genau so sein, wie du es kreierst durch die Wahlen, die du triffst. In Ordnung, nächste Frage.

KAPITEL DREIZEHN

In Bezug auf Geld, welche drei Dinge wären eine Lösung für deine derzeitige finanzielle Situation, um einen Überfluss an Geld in deinem Leben zu haben?

Rasputin: Also gut, wir haben noch zwei weitere Fragen, nicht wahr?
Teilnehmer: Noch eine Frage.
R: Noch eine Frage. Was ist hier also die letzte Frage?
T: In Bezug auf Geld, welche drei Dinge wären eine Lösung für deine derzeitige finanzielle Situation, um einen Überfluss an Geld in deinem Leben zu haben?
R: Gut. Wer also möchte sich dafür freiwillig melden?
T: Ich.
R: In Ordnung.
T: Das tun, was ich liebe und am besten kann.
R: Das tun, was ich liebe und am besten kann?
T: Ja.
R: Also was lässt dich denken, dass du nicht das tun kannst, was du liebst und am besten kannst? Und was ist die grundlegende Ansicht darunter?
T: Dass es mir an Geld mangelt, dahin zu gelangen.
R: Nun ja, was liebst du am meisten, worin bist du am besten?
T: Ich liebe Gartenarbeit und zu heilen.
R: Gartenarbeit und Heilen? Und tust du diese Dinge?
T: Manchmal.
R: Also was lässt dich denken, dass du nicht das bekommst, was du dir wünschst?
T: Hmmm...
R: Weil du acht Stunden am Tag damit verbringst, etwas zu tun, was du hasst?
T: Genau.
R: Wer hat diese Realität kreiert?
T: Aber, naja...
R: Brauchen sie keine Gärtner in dieser Stadt? Wie kommt es, dass du kein Gärtner geworden bist, wenn du Gartenarbeit liebst?
T: Weil ich jetzt gerade dabei bin, dafür zu sorgen, dass es passiert, aber ich....

R: Was also ist die grundlegende, darunterliegende Annahme, von der aus du funktionierst? Zeit.

T: Zeit, ja.

R: Ja, Zeit.

T: Ich hatte keine Zeit zu kreieren.

R: Ja. Du hattest keine Zeit zu kreieren. Worüber haben wir am Anfang gesprochen? Kreativität, die Vision kreieren. Macht, wenn du "Ich bin Macht" bist, dann gibst du dem Energie, was du ersehnst. Gewahrsein des Wissens, dass du es haben wirst. Wo untergräbst du fortwährend dein Wissen, dass du haben wirst, was du dir ersehnst? Du tust es jeden Tag, wenn du zur Arbeit gehst und sagst: "Ich habe es immer noch nicht."

T: Das stimmt.

R: Was kreierst du aus dieser Ansicht heraus? Es immer noch nicht zu haben und morgen wirst du es auch nicht haben, denn du hast immer noch die Ansicht, dass du es nicht bekommen hast. Und du hast das Thema Kontrolle genommen und hast entschieden, dass es da einen bestimmten Weg geben muss, den zu gehen notwendig ist, um dahin zu kommen. Wenn der Weg, dorthin zu gelangen, darin besteht, dass du gefeuert wirst, dann weißt du das nicht, oder? Aber wenn du entscheidest, die einzige Art und Weise es zu tun, ist, deinen Job, den du hasst, zu behalten, denn das wird dir die Freiheit geben, dahin zu kommen, wo du hin möchtest, dann hast du die Begrenzung auf einen Weg kreiert, auf eine Art und Weise, wie du dorthin kommen musst, was dem Universum der Fülle nicht erlaubt, dir den Weg zu bereiten.

Nun werden wir euch noch eine kleine Aussage geben, die ihr euch aufschreiben werdet und irgendwo hinhängen werdet, wo Ihr sie jeden Tag seht. Und hier ist sie:

Ich erlaube dem opulenten Universum, mich mit einer Fülle an Gelegenheiten zu versorgen, die alle dafür entworfen sind, mein Wachstum, mein Gewahrsein und meinen freudvollen Ausdruck des Lebens zu umfassen und zu unterstützen.

Dies ist euer Ziel. Dies ist, wohin Ihr geht. In Ordnung. T, was ist deine nächste Antwort?

T: Aus den Schulden heraus kommen, damit ich mich selbst einholen und frei sein kann.

R: Aus den Schulden heraus kommen. Welches ist die darunterliegende Annahme hier? Dass ich niemals aus den Schulden heraus sein werde und dass ich Schulden habe. Was also sagst du dir selbst jeden Tag? "Ich habe Schulden, ich habe Schulden, ich habe Schulden, ich habe Schulden, ich habe Schulden, ich habe Schulden." Wie viele von euch haben Schulden?

T: Wir alle wahrscheinlich.

R: Und wie viele von euch sagen das mit großartiger Fülle und Eifer? (Lachen)

T: Ich nicht.

T: Eifer. (Lachen)

R: Gut, also kreiert nicht von dort aus. Kreiert von "Ich bin Geld" aus. Sorgt euch nicht um das, was Ihr eure Schulden nennt. Zahlt sie nach und nach ab. Wenn Ihr sie sofort abzahlen wollt, nehmt 10% von allem, dass Ihr einnehmt und zahlt damit die Schulden ab. Und nennt sie auf gar keinen Fall Schulden. Hört euch den Klang von *Schulden* an. Klingt wirklich gut, hmm? Nennt sie vergangene Ausgaben.(Lachen).

T: Das werde ich tun!

T: Das ist großartig, das ist wirklich großartig.

R: Es ist schwer zu sagen: "Ich bin vergangene Ausgaben", oder nicht? (Lachen). Schwer zu sagen: "Ich bin in vergangenen Ausgaben." Aber "Ich zahle vergangene Ausgaben ab" ist einfach. Seht Ihr, wie Ihr aus den Schulden kommt? Wir dürfen hier auch den Freiheitsaspekt nicht ignorieren. Die darunterliegende Ansicht ist, dass Ihr keine Freiheit habt, was bedeutet, dass Ihr keine Macht habt, was wiederum bedeutet, dass Ihr keine Wahl habt. Ist das wirklich wahr?

T: Nein.

R: Nein. Ihr habt eure Erfahrung gewählt, jede Erfahrung in eurem Leben, jede Erfahrung in eurem Leben hat sich worum gedreht? Immer größeres und größeres Gewahrsein in euch zu kreieren. Nichts, was Ihr in der Vergangenheit gewählt habt, hatte einen anderen Zweck als den, euch für die Realität und die Wahrheit von euch selbst aufzuwecken, ansonsten wärt Ihr heute Abend nicht hier. In Ordnung?

T: Könntest du das noch einmal wiederholen?

R: Nichts, was Ihr in eurem Leben getan oder gewählt habt, hatte einen anderen Zweck, als den, euch zu eurer eigenen Wahrheit zu erwecken, sonst wärt Ihr heute Abend nicht hier. Wie war das? Wir haben es fast wörtlich wiederholt. (Lachen) In Ordnung. Also die nächste Ansicht?

T: Ein einfacheres Leben leben.

R: Was ist das nur für ein Eimer voller Scheiße. (Lachen)

T: Ich weiß. (Lachen) Ich wusste es schon, als ich es aufgeschrieben habe. (Lachen)

R: Es gibt keinen Einzigen unter euch, der sich nicht ein einfacheres Leben wünscht. Ein einfacheres Leben ist sehr leicht zu haben – Ihr sterbt! Dann habt Ihr ein einfacheres Leben. (Lachen) Tod ist einfach; Leben, Leben ist eine Fülle an Erfahrungen. Leben ist eine Fülle von allem, Leben ist eine Fülle von Freude, eine Fülle von Leichtigkeit, eine Fülle von Herrlichkeit, das ist die Realität und die Wahrheit, die Ihr seid. Ihr seid unbegrenzte Energie, Ihr seid in eurer Gesamtheit alles das, woraus diese Welt gemacht ist und jedes Mal, wenn Ihr <u>wählt</u>, Geld zu sein, Gewahrsein zu sein, Kontrolle zu sein, Macht zu sein, Kreativität zu sein, dann verändert Ihr diese physische Ebene in einen Ort, an dem die Leute wahrhaftig mit absolutem Gewahrsein leben können, mit absoluter Freude und absoluter Fülle. Nicht nur Ihr, sondern jedes andere Wesen auf dieser Ebene ist von den Wahlen betroffen, die Ihr trefft. Denn Ihr seid sie und sie sind Ihr. Und wenn Ihr eure eigenen Betrachtungsweisen auflockert, wenn Ihr diese Betrachtungsweisen nicht weitergebt und andere damit feststecken lasst, kreiert Ihr einen leichteren Planeten, eine wachere und bewusstere Zivilisation. Und das, was Ihr euch ersehnt, das, was Ihr euch gewünscht habt, der Ort des Friedens und der Freude, wird verwirklicht werden. Aber Ihr seid seine Kreateure. Seid in diesem Wissen, seid in der Freude daran und haltet das aufrecht.

Nun wiederholen wir noch einmal eure Werkzeuge. Wenn Ihr die Energie der Gedanken an Geld auf euch zukommen spürt und Ihr fühlt, wie sie in euch drängen, dann dreht Ihr sie um und lasst sie aus euch hinaus gehen, bis Ihr wieder den Raum fühlen könnt, der Ihr seid. Und dann werdet Ihr wissen, dass diese Gedanken nicht Ihr seid und dass Ihr diese Realität kreiert habt. Denkt daran, dass Ihr die Vision von dem kreiert, was Ihr haben werdet, indem Ihr die Macht, die Energie damit verbindet und indem Ihr euch bewusst seid, dass das eine Realität ist, die bereits existiert, weil Ihr sie gedacht habt. Ihr müsst nicht kontrollieren, wie es dazu kommt. Ihr seid Kontrolle und deswegen wird es so schnell geschehen, wie das opulente Universum euch das liefern kann. Und das wird es. Gehe nicht in die Bewertung. Seid jeden Tag voller Dankbarkeit für alles, was Ihr kreiert. Wenn Ihr einen Dollar bekommt, seid voller Dankbarkeit, wenn Ihr fünfhundert Dollar bekommt, seid voller Dankbarkeit, wenn Ihr fünftausend Dollar bekommt, seid voller Dankbarkeit und das, was Ihr eure Schulden nennt, nennt es vergangene Ausgaben und nicht Schulden. Ihr schuldet nichts im Leben, denn es gibt keine Vergangenheit, es gibt keine Zukunft, es gibt nur diese zehn Sekunden, von denen aus Ihr euer Leben kreiert. Haltet euch das Mantra vor Augen: "Alles im Leben kommt zu mir mit Leichtigkeit und Freude und Herrlichkeit." Sagt: "Ich bin Macht. Ich bin Gewahrsein. Ich bin Kontrolle. Ich bin Kreativität. Ich bin Geld." Sagt es zehnmal am Morgen und zehnmal am Abend. Hängt es irgendwo auf, wo Ihr es seht und teilt es mit anderen: "Ich erlaube dem opulenten Universum, mich mit einer Fülle an Gelegenheiten zu versorgen, die alle dazu entworfen sind, mein Wachstum, mein Gewahrsein und meinen freudvollen Ausdruck des Lebens zu umfassen und zu unterstützen." Und seid es, denn das ist eure Wahrheit.

Und nun ist genug für heute Abend. Seid Geld in jedem Aspekt des Lebens. Wir lassen euch zurück in Liebe. Gute Nacht.

ACCESS CONSCIOUSNESS®

"Alles im Leben kommt zu uns mit Leichtigkeit, Freude und Herrlichkeit!"™

www.accessconsciousness.com